빌딩
투자
완전
정복

높은 시세 차익과 공실율 제로, 임대 고수익을
원하는 사람들을 위한 빌딩 브랜딩 전략서

빌딩 투자 완전 정복

초판 1쇄 인쇄 2024년 4월 3일
초판 1쇄 발행 2024년 4월 22일

지은이 조해리

발행인 백유미 조영석
발행처 (주)라온아시아
주소 서울특별시 서초구 방배로 180 스파크플러스 3F

등록 2016년 7월 5일 제 2016-000141호
전화 070-7600-8230 **팩스** 070-4754-2473

값 19,500원
ISBN 979-11-6958-104-2 (13320)

높은 시세 차익과 공실율 제로,
임대 고수익을 원하는 사람들을 위한
빌딩 브랜딩 전략서
빌딩 투자 완전 정복
조해리 지음
빌딩 투자의 패러다임을 바꾸는 빌딩 브랜딩 바이블!
사람, 관심, 돈이 모이는
빌딩 투자 전략은 따로 있다!
입지를 뛰어넘는 빌딩 브랜딩 기획부터
고수익 매매, 임대 프로세스와 임장 노하우,
중개사와 전문가 선정 기준까지 한 권에 담았다
RAON BOOK

RAON BOOK

프롤로그

부동산 공간에 어떤 콘텐츠를 담아 운영할 것인가?

"사업을 하고 있다면, 충분히 잘 되고 있다면 빌딩을 매입하는게 맞지. 너 남편이 의사잖아, 사야지. 남편의 능력과 기술로 그 많은 사람들이 모이는 공간을 만들었는데, 장사 잘되면 임대료를 올리고, 임대료가 오르면 건물가격이 올라가는데, 그 몫은 임차인에게 돌아가지 않아."

지인의 질문에 대한 나의 솔직한 대답이었다.

사업을 하고 있고, 누구보다 잘하고 있다면 대부분의 사업가는 그 다음 스텝이 무엇인지 알고 있다. 사업장을 임차해 본 사람들은 임차인의 설움 비슷한 그 마음을 알기에 사업적인 투자 만큼이나 부동산 투자에 진심이지 않은가. 나는 가족 모두가 부동산과 관련된 사업을 하고 있기에 누구보다 부동산 투자에 일찍 눈을 떴다.

가족 개개인이 겪었던 에피소드를 더하면 적지 않은 실패도 경험해 보았지만, 그럼에도 불구하고 지금도 부동산을 공부하고 부동산에 투자하고, 부동산 투자로 성공을 하는 것을 계속해서 꿈꾸고 있다.

한 인생을 살아가는 데 있어 빌딩보다 더 중요한 가치있는 것들은 너무나도 많다. 그럼에도 불구하고 빌딩을 소유하는 것은 성공의 발판이면서도 간판인 것처럼 여겨지고 있다. 여러 이유로 나는 앞으로도 빌딩에 대한 수요는 단연코 줄지 않을 것이라 생각하지만, 빌딩 투자의 흐름과 방향은 너무나도 빠른 속도로 바뀌고 있음을 시사하고 싶다. 빌딩을 소유하고 있다면, 앞으로 소유하고자 한다면, 반드시 이 흐름을 읽어내고 잡아내야만 한다.

빌딩, 잠재적 가치 상승의 비법을 깨우쳐라

서해안 바닷가의 어느 곳, 어떤 부동산은 횟집이 되어 있고, 어떤 부동산은 창고가 되어 있다. 그리고 어떤 부동산은 스테이가 되어 방문객에게 잊지 못할 추억의 공간이 되어 있다. 어떤 부동산은 일상에서 경험하지 못할 특별한 구조를 가진 대형 카페가 되어 인스타그램에서 수없이 공유되고 노출된다.

빌딩의 모습도 이와 다르지 않다. 내가 가지고 있는 건물의 수익률을 10년 후에도 확신할 수 있는가. 매각 시점에 나의 빌딩은 경쟁력이 있는가. 내가 매입하고자 하는 빌딩은 어떤 공간으로 소비되고 싶은지 생각해 보았는가. 이에 대한 확실한 답을 알고 있어야 투기가 아닌 '사업'을 하고 있는 것이다. 부동산은 어떻게 쓰느냐에 따라서 값이 달라지는 철저히 사업적 영역의 자산이다.

국내에서 손꼽히는 부동산 자산운용사에서도 부동산 공간 콘텐츠 팀을 만들고 국내외 콘텐츠 기획자들을 영입하기 시작했다. 부동산이라는 공간에 어떤 콘텐츠를 담아 운영하는 것인가에 따라 부동산이 가지고 가는 수익의 차이는 실로 엄청나다. 지금 부동산 사업을 하려면 반드시 공간 경쟁력을 가지는 빌딩이 되는 방법, 브랜드를 가진 빌딩이 되는 방법을 알아야 한다. 부동산이 가지는 잠재적 가치를 끌어올리는 디자인, 콘텐츠, 기획이 있어야 한다. 나는 현장에서 매일 매 순간 더 잘 팔리는 빌딩은 어떤 모습인지, 어떤 매력을 가지고 있기에 이렇게도 좋은 조건에 팔리고 있는지, 그 변화와 트렌드를 실시간으로 경험하고 있다. 다른 빌딩과 구별되는 특별한 DNA를 가진 빌딩은 정말 잘 팔리는 +α의 요인이 있었다. 사람들이 모이는 빌딩이 있고, 발길을 돌리는 빌딩이 있다. 소비자의 트렌드는 변화하고 있지만 중개의 현장에서는 이 변화를 제대로 읽지 못하고 있음을 느낀다. 대체 언제까지 대로변 사거리 빌딩만을 최고의 빌딩이라 믿고 있을 것인가. 우리는 이면도로에서도 대로변만큼이나 사람을 끌어 모을 기회가 있는 전례 없는 세상에 살고 있지 않은가. 입지를 뛰어넘는 특별한 가치를 가진 공간을 만들어 낼 수 있는 진정한 부동산 사업가, 안목 있는 건물주가 되어야 한다.

조해지

STANDARD REPUBLIC

REALTY & DESIGN FOR SPACES

Contents

Chapter.1

그 빌딩에는 왜 늘 사람이 몰릴까?

Chapter. 2

사람들은 '있어 보이고, 자극 받고, 스토리가' 있는 빌딩에 모인다

Chapter. 3

사람이 모이는 빌딩 투자 기획 ABC

Chapter. 4

사람이 모이는 빌딩 투자 런칭 프로세스

Chapter. 5

빌딩투자 성공스토리

Chapter.1

1

그 빌딩에는 왜 늘 사람이 몰릴까?

사람이 몰리는
빌딩 수익률의 비밀은 무엇일까?

1

확률의 시대

2003년 어느 여름, 아직 학생이던 나는 당시 막 한국에서 유행하기 시작한 네일케어를 경험해 보고 싶었다. 인터넷을 이용하긴 했지만 동네의 작은 숍을 찾는 기능을 이용하기엔 개인 사업자들에게 포털은 큰 장벽이 있던 시절이었다. 네일숍을 찾기 위해서 나는 무작정 거리에 나왔다. 집에서 가장 가까운 아파트 상가를 둘러보았지만 없었다. 태권도 학원, 입주민을 대상으로 장사를 하고 있는 지하의 아주 큰 할인마트, 세탁소, 부동산이 가득찬 평범한 아파트 상가 1층. 이 곳에 아기자기한 세련된 네일숍이 있었다면 한눈에 찾을 수 있었을 텐데 보이지 않으니 없는 것이 확실하다고 생각했다. 동네 아파트 상가 분위기와는 또 다른 느낌의 건물에서는 찾을 수 있을 것 같아서 버스정류장과 지하철이 있는 큰 거리로 나가보았다. 여름이라 가로수가 우거져서 2, 3층 상가에는 어떤 업종이 있는지 자세히 보기 힘들었고, 보이는 곳에는 형형색색의 빨강, 노랑, 파랑 간판이 큼직하게 전화번호와 상호를 써놓았다. 대부분의 창문에는 빨강, 노랑 시트지로 전화번호와 업종을 광고하고 있었다. 큰길 상가에서도 쉽사리 네일숍을 찾지 못해서 그 날은 네일케어를 받는 것을 포기했다. 며칠 후 대학캠퍼스를 방문하기 위해 버스를 타고 가던 중, 신촌역 인근에 도착했을 때에 네일숍을 많이 발견할 수 있었다. 폴더폰의 화질이 좋지 않기에 사진으로 전화번호를 찍을 생각은 하지 못했고 가장 눈에 잘 보이는 간판을 가진 네일숍의 전화번호를 버스가 잠시 버스정류장에 정차했을 때 재빠르게 캐치해서 전화를 하고 예약을 잡을 수 있었다.

어제의 일처럼 생생한 그 여름으로부터 20년의 시간이 흐르고 세상은 참 많이도 바뀌었다. 돌이켜보면 내가 아이폰을 가지게 된 2008년 이후로, 전화번호나 간판을 살피기 위해 길을 배회한 적이 있었던가 싶다. 철물점이나 오래된 문방구를 찾을 때를 빼고는 말이다. 그마저도 수년 전부터 시작된 쿠팡 로켓배송 덕분에 더이상 예전 같은 그런 일은 나의 일상에서 일어나지 않게 되었다. 심지어 쿠팡 로켓 배송조차 기다릴 수 없는 긴박한 시간에는 다이소를 검색해서 다녀오면 될 일.

이렇게 삶의 모습이 달라지는 동안 건물의 모습도 꽤나 많이 변해왔다. 큰 건물 1층의 상징과도 같았던 ○○은행은 카카오뱅크 등 인터넷 은행이 등장하고 기존 은행의 온라인 뱅킹 앱을 통해 기능을 나누어 가지더니 하나 둘 통폐합되어 이제 어느 건물

지하 또는 2층으로 자리를 내어줬다. 그리고 그 자리에는 시원하게 트여 있는 보기 좋은 카페가 들어오게 되었다. 잘 생각해보면 우리가 아는 그 은행 건물은 스타벅스 건물이 된 지 꽤 오래다.

마주하는 모든 고객이 스마트폰을 가지고 있다

"지금 우리는 오프라인에서 만날 확률에 집중해야 하는가, 온라인에서 만날 확률에 집중해야 하는가"

사업이 확률과 기회로 이루어지던 시절이 있었다. 횡단보도 앞, 지하철역 앞이면 웃돈을 주고 분양을 받고 임대를 하고 싶었던 시절이 있었다. 길 가다 마주치는 곳이 장사가 잘 될 확률이 높았다. 고객을 만날 확률을 높이고 노출도를 높이는 것이 중요했다. 전화번호와 상호로 사업을 소개하고, 오프라인에서 모든 것이 이루어지던 시절의 모습이다. 그런데 지금 우리는 마주하는 모든 고객이 스마트폰을 지닌 세상에 살고 있다. 어제 처음 생긴 작은 김밥집이라 할지라도 다음날 점심이 되면 인근 수 ㎞ 거리의 사무실과 아파트에 김밥을 팔 수 있는 세상이다. 배달앱과 SNS, 각종 검색 포털을 통해 노출시키는 것이 지나가다 우연히 고객을 만날 확률보다 훨씬 더 높다. 그럼에도 불구하고 부동산의 광고 문구는 20년 전 어느날에 머물러 있지 않은가.

"대로변 코너 1층 상가 권리금 ○억"

"버스정류장 앞, 횡단보도 앞, 꼬마빌딩 ○○억"

스마트폰으로 검색하고 내비게이션을 이용하거나 지도 앱을 볼 줄 안다면 동선과 가까운 이면도로의 한적하고 예쁜 건물에서 고급 스파와 함께 네일 케어 서비스를 이용할 수 있는데 굳이 복잡하고 시끄럽고 주차도 어려운 지하철역 앞 상가 건물을 임차해서 장사를 할 이유가 있을까? 사람이 모이는 방법과 이유가 달라지고 있다. 하지만 아직도 부동산을 사고 파는 사람들은 이 변화를 따라가지 못하고 있는 것이 현실이다. 금융권도, 운용사도, 굵직한 기업들도 변화를 읽고 움직이는데, 정작 부동산 시장만큼은 20년 전 어느날과 똑같은 방식으로 고객을 만나고 있는 것이다.

SNS에서 공유되고 광고되는 내 빌딩, 내 빌딩의 가치

여의도 '더현대'를 처음 찾았던 날, 나는 모든 공간이 눈에 익었다. 더현대를 현대백화점 광고를 통해 본 적은 없었다. 하지만 수많은 사람들의 인스타그램 피드를 구경하며 그들이 올린 사진과 영상을 통해 이곳저곳을 이미 둘러보고 왔기에, 나는 첫 방문에도 불구하고 더현대의 행사와 주차 상황까지, 실시간 정보를 알고 있었다.

여의도에 큰 백화점이 생길 것이라고 들었을 때는 별 감흥이 없었다. 바로 옆에 IFC몰이 있는데, 특정 브랜드가 더 있는 것이 아니라면 기존에 이용하던 백화점에 가는 것이 낫지 않은가. 하지만 SNS를 통해 더현대를 경험한 후에는 달랐다. 백화점이지만 백화점이 아닌 것 같은 밝은 자연광과 자연의 소리. 바로 그 경험을 나도 해보고 싶어진 것. 나와 같은 생각을 가진 사람들이 모여들었고, 코로나19 시기에 개장을 했음에도 불구하고 정말 많은 사람들이 그 장소를 찾았다. 그리고 분위기를 즐기고 사진 찍고 공유한다. 주말엔 늘 썰렁하고 한적했던 여의도 한가운데에 사람들이 모여들기 시작했다. 그렇게 여의도 일대는 365일 상권이 되었다.

손에 스마트폰을 가지고 찾아온 한 사람 한 사람이 '더현대'의 광고판이 되었다. 블로그, 유튜브, 인스타그램에서 소개하고 그로인해 국내외의 방문자들이 찾고 또 찾고 또 찾는 순환이 이루어진다. 그렇게 '더현대'라는 공간은 잘 기획된 하나의 콘텐츠로 창조되고 소비되고 있다.

대기업은 이렇게 사람들이 모이고 싶은 공간, 스스로 광고하고 싶은 공간과 그 시스템을 만들기 위해 꽤 많은 인재들과 함께 기획하고 준비하고 투자한다. 그런데, 한 기업으로서 또는 한 개인으로서 가장 큰 금액을 쏟아붓는 부동산 투자에 있어서 대기업만큼의 고민을 하고 있는가? 부동산 기획, 부동산 투자 팀을 꾸리고 있는 부동산 사업체로서 투자를 대하고 있는가? 많은 재산이 투입되는 나의 빌딩에 최소한 유명 백화점, 유명 호텔, 유명 카페들이 하는 노력과 기획이 필요하지 않을까?

나의 하루를 특별하게 만들어주고 내 일상을 좀 더 인스타그래머블하게 채워주는 곳에 사람이 모여든다. 그런 곳에서 사진을 찍고 영상을 찍어 콘텐츠로 만들어낸다. 우리가 앞으로 투자할 부동산은 그런 곳이 되어야 하고, 그런 곳으로 재창조해야 한다. 다가올 미래에는 철저히 기획되고 디자인된 건물과 상가에 사업체가 들어오고 프랜차이즈가 들어올 것이다. '목 좋은 곳에 건물만 가지고 있으면 이런 저런 곳에서 돈이 되겠지'라는 생각은 20년 전 이미 끝났어야 한다. 2024년 현재에도 "대로변 사거리"라는 수십 년 전의 부동산 광고 문구가 통용되고 있다는 것은 참 아이로니컬한 일이 아닐 수 없다.

빌딩 브랜딩, 콘텐츠와 디자인이 만들어내는 트래픽

빌딩 브랜딩. 많은 건물들 중에서 나의 재산을 구별할 수 있도록 만드는 일관된 상징을 의미한다.

기업과 개인은 SNS라는 공간에서 저마다 자신을 알리려고 노력한다. 내가 가는 곳, 내가 입는 것, 내가 먹는 것과 만나는 사람도 공유한다. 그 하나하나 선택된 시간과 공간, 사람 속에서 콘텐츠가 생성된다. 그리고 일관성 있는 이미지와 취향이 기업과 사람을 브랜드로 만들어준다.

부동산에서도 브랜딩이 잘 된 케이스가 있다. '어퍼하우스', '파라곤'처럼 이름만 들어도 어느 지역, 어느 사람이 사는지 알것 같은 브랜드의 고급 빌라들이 있다. 시행 단계부터 잘 기획되어 온 케이스이다. 입지부터 자재, 내·외관 디자인까지 이어지는 일련의 브랜딩 과정을 통해 통일된 이미지를 심어주었고, 타깃팅한 수요자들 사이에서도 인지도를 얻게 되었다. 네이밍도 적절해서 그 이름만으로도 떠오르는 이미지에 이질감이 없다.

나의 빌딩 브랜딩 개념은 부동산 브랜딩 중에서도 상업공간에 대한 철학과 기획이 필요하다는 관점에서 시작하였다. 공간 자체가 하나의 콘텐츠가 되면 유명 임차인으로 공간을 구성할 수 있고, 유명 인플루언서가 방문할 만한 곳이 될 수 있으며, 그렇게 그 빌딩의 가치는 인근 어느 빌딩과는 비교도 할 수 없을 정도로 높아지는 것을 지향한다. 그 시작은 디자인이다.

입지를 완전히 배제하자는 것이 아니다. 대로변 사거리의 입지와 견주어도 아쉽지 않은 존재감을 만들어 낼 수 있는 능력에 대해 이야기하고 싶은 것이다.

비쥬얼 브랜딩과 그에 따라오는 임차 구성까지. 모여들고, 사진 찍고, 영상을 만들고, 공유하고, 추억하는 공간을 만들어 내려는 고민과 노력을 통해 평당 5천만 원짜리 빌딩이 평당 1억 원의 빌딩만큼 수익을 낼 수 있다.

그 빌딩에는 대체 왜 사람이 몰릴까?

2

퍼스널 브랜딩, 작은 브랜드를 위한 세상. 그리고 그들 모두에게 필요한 '공간'

"삶의 안과 밖은 공간과 경험, 그리고 공유라는 이름으로 채워진다."

우리의 삶을 조용히 탐색해 보면 모든 것이 마케팅의 현장임을 알 수 있다. 내가 입고 마시는 것들 모두 브랜드를 가지고 있고 잘 팔리기 위한 공략을 가지고 있다. 그렇게 마케팅의 결과로 결국 내 손에 들어온 크고 작은 물건들. 소비자의 성향에 따라서 누군가는 럭셔리한 소비재를, 누군가는 친환경, 지속가능한 소비재를 선택하고 누군가는 가성비에 따른 소비를 지향한다.

그런데 잘 생각해 보면 이렇게 소비의 영역이 다양하고 다채로운 모습이 된 것은 그리 오랜 일이 아니다. 20년 전으로 거슬러 온라인 쇼핑몰을 이용하기 전 우리의 삶은 그야말로 '대기업' 그 자체였을지 모른다. 우리의 일상은 대부분 대기업의 광고를 보고 대기업의 제품만을 사용하고 있었을 것이다. 가전제품, 옷, 심지어 비누나 화장품까지도 지금 생각해 보면 다소 과격하다 싶을 만큼 선택권이 없었다. 소비자에게는 노출되는 정보가 워낙 적었기에 '브랜드 인지도' 외에는 소비의 기준으로서 기댈 곳이 없었던 시절이었다.

그 당시 '작은' 브랜드는 자신들의 브랜드를 만들어 광고하고 홍보할 적절하고 가성비 있는 수단을 찾기가 아주 힘들었다. 아무리 좋은 제품을 만들어도 전국은커녕 작은 도시에서 팔기에도 홍보수단이 너무나 제한적이었던 그 시절의 그 막막함은 온라인 오픈 마켓 시장이 열리면서 다소 해소가 되기 시작했다. 온라인 오픈 마켓은 생산자가 일정 수수료만 내면 온라인상에 재화를 광고하고 판매할 수 있게 만들었다. 생산자에게는 직접 홈페이지를 만들거나 홈페이지 광고를 하지 않아도 상품을 보여줄 수 있는 페이지가 생겼다. 플랫폼에 소비자와 판매자를 모아 놓은 무형의 시장을 통해 상품을 전국으로 판매할 수 있는 판로가 개척되었고, 소비자는 발품 대신 손품을 팔아서 재화를 '비교'할 수 있는 세상이 열린 것이다. 다만 그 당시에도 광고를 할 수 있는 채널과 미디어는 여전히 연예인, TV광고, 네이버 광고창 정도였기에 생산자, 판매업자에게 광고는 오직 '싼 가격'만을 앞세울 뿐 '홍보'라는 측면에서는 여전히 큰 장벽이 있었다.

2024년 현재, 우리는 이제 더이상 광고와 홍보라는 벽에 답답함을 느끼지 않는다. 오히려 광고가 '없는' 플랫폼이 신선하다고 여겨질 정도이다. 생산자는 국내에 국한하지 않고 전 세계를 무대로 제품을 판매할 수 있는 유통 시스템과 연예인이 아닌 일반인에게 제품의 홍보를 맡기는 유례없는 세상을 무대로 사업을 하고 있고, 2024년의 소비자는 온라인 플랫폼에서 이제껏 경험하지 못했던 다양한 브랜드를 만날 수 있게 되었으며, 옆집 동생 앞집 오빠처럼 친근한 사람들의 광고를 마주하게 되었다. 어느 공간을 찾아가거나 어느 재화를 소비하여 사용하는 자체, 그 일상 하나하나가 모두 광고가 된다. 내가 먹은 음식, 내가 받은 서비스에 대한 나의 코멘트가 공유되면 그것 또한 광고가 된다.

서비스, 상품, 그리고 각 개인과 개인의 사업 수단까지 모든 것이 브랜드가 되었다. 엘지생활건강에서 유명연예인을 통해 광고하고 아주 큰 대형 마트에서 판매하고 있는 세제를 이용했던 나는, 온라인에서 적절하게 나를 타깃팅하여 광고를 송출한 작은 브랜드의 제품을 이용하게 되었다. 이 제품이 지향하는 '아이에게 너무나 안전한'이라는 키워드와 세탁실의 인테리어를 해치지 않는 세련된 용기 디자인에 이끌렸던 것이다.

이렇게 2024년 현재를 사는 우리는 생각보다 다양한 패턴의 소비경험을 축적해 왔다. 그리고 이러한 다양성은 유통방식, 마케팅 방식은 물론 선호하는 부동산 유형에도 다채로운 모습으로 나타난다. 선호하는 점포나 사무실의 규모부터 그 공간의 짜임까지도 말이다. 지금 우리가 열광하는 어느 공간이 20년 전에도 그렇게 각광받았을까 생각해 보면 꼭 그렇지 않은 곳이 정말 많다. 성수동 대림창고는 삶에 대한 다양한 생각과 아이디어가 얼마만큼이나 부동산을 다양하게 해석할 수 있는지 알게 한다. 대림창고, 20년 전 서울 한복판 공업지역에서 공장으로 쓰임과 기능을 다하던 공간은 인건비 상승, 지가 상승으로 서울 밖으로 밀려난 어느 공업단지에 대한 추억의 일부를 남겨 놓고 새로운 브랜드로 재창조되었다. 커피를 공간으로 기억하게 하는 다양한 시도들이 있었던 그때, 성수동 일대에도 청담동의 분위기와는 또 다른 어떤 분위기의 카페 문화가 자리잡기 시작한 것. 커피를 선택하는 것에 있어서까지도 스타벅스, 커피빈 등 대형 브랜드 카페가 가지고 있는 정형화된 이미지와 공간을 벗어나 또 다른 개성과 문화를 가진 브랜드가 다양하게 자리잡는 시대를 살고 있다. 커피 한 잔에도 나에게 맞는 분위기, 나에게 맞는 공간, 나에게 맞는 맛을 찾는 일이 당연한 시대가 된 것이다.

뿐만아니라 우리는 이 공간 안에서 나의 다양한 삶의 모습을 기록하고 공유하기 시작했다. 꼭 대단하고 아름다운 일상이 아닐지라도 내가 오늘 써본 향수에 대한 리뷰, 점심을 먹었던 식당에 대한 기록을 남기기 시작했고, 지인들이나 대중에게 너무나도 자연스럽게 공개하는 삶을 살고 있다. 삶의 한 순간 한 순간이 광고가 되는 세상 속에서 퍼스널 브랜딩, 작은 브랜드의 축제는 이어지고 있다.

이 브랜딩 과정에는 필연적으로 '공간'에 대한 기록이 담긴다. 일상이 공유되는 모든 순간, 그저 그렇고 그냥 그런 배경보다는 필연적으로 좀 더 의미있고 좀 더 볼만한 공간을 만들거나 찾아가는 것은 이제 특별한 일이 아니게 되었다. 인테리어 시장이 급격히 성장하고 있는 것, 오랜 맛집에도 어느 한 켠에 어느 공간을 다녀갔는지 사진을 남길 수 있는 포스터 또는 오브제를 남겨

주는 것도, 이 공간은 누군가가 기록하고 공유하게 될 공간이니 조금 더 의미를 부여하자는 맥락에서 생각해 볼 수 있을 것이다. 이런 일련의 흐름은 우리가 생활 속에서 자연스럽게 만나는 모든 공간을 더욱 다양하게 만들어 주고 있다. 그리고 이런 흐름은 앞으로 더욱 당연해질 것이다. 퍼스널 브랜딩을 위해 자기만의 공간과 색깔, 느낌을 찾게 될 사회적 흐름, 그 사이에서 수많은 작은 브랜드들은 개성에 맞는 공간을 찾고, 만들고, 그 공간을 홍보하고 공유할 것이기 때문이다.

공간 브랜딩, 멋진 공간이 좋은 공간이 되는 시대

부동산 디자인에 대한 중요성이 그 어느 때보다 부각되고 있다. 멋진 공간을 찾아보는 수준은 매 년, 아니 매 달 놀라울 만큼 높아지고 있다. 본래 부동산이 가지는 좋은 공간이라는 개념을 떠올려 보면, 부동산에서 광고하는 '대로변 사거리 횡단보도 앞'이라는 빌딩 광고의 수식어가 낯설 정도이다. 좋은 공간이란 더 이상 '기능을 잘 수행하는 공간'이라는 개념만을 의미하지 않는다. 아니 오히려 그 기능적 의미에서 완전히 벗어났다. 멋진 공간이 친절한 공간이 되고, 멋진 공간이 좋은 공간이 되고 있다.

공간에 대한 요구가 시대에 따라 달라지는 것 만큼이나 공간을 대하는 의미도 매우 달라지고 있다. 팬데믹을 경험한 우리는, 만나고 싶은 사람을 어느 때나 쉽게 만날 수 있었던 것이 더이상 당연하지 않았던 시간을 경험하게 되었다. 그러면서도 이전에는 생각하지 못했던 개념을 떠올린다. '이 만남이 꼭 필요한 만남인가'에 대한 생각을 한 번 더 하게 되지는 않았는가. 오프라인에서 얼굴을 마주하지 않더라도 우리는 회의를 할 수 있고 대화를 할 수 있음을 알게 되었다. 언제 끝날지 모르는 팬데믹에 적응하기 위해 일상에 큰 불편함이 없을 정도로 빠르게 기술을 발전시키고 마음을 열었기 때문일 것이다.

직접 대면하여 만나지 않아도 일상이 가능한 지금 이 시간, 우리는 직접 만나는 사람들에게 특별한 의미를 부여하고 직접 찾아가는 공간을 선별하기 시작했다. 일상이 비대면이기에, 비일상적인 이 특별한 '만남'이라는 의미에 대해 조금 더 생각하고 조금 더 공을 들인다. 검색을 하고 예약을 한다. 다른 사람들이 찍어놓은 영상과 사진으로 메뉴와 분위기를 알아간다. 함께 만난 사람들과도 공간을 배경으로 기록을 남기고 인스타그램에 공유하고 있지는 않은가. 만남 자체의 의미가 소중해진 만큼이나 공간에 대한 선택도 예전보다 신중해지게 되었고, 모든 분위기를 담아서 기록하고 공유하는 자체도 더욱 그 의미가 깊어진다.

검색의 결과로 나오는 수많은 선택지 중에서 나에게 가장 잘 어울리고 잘 맞는 공간을 찾아가는 시대이다. 부동산 시장에서도 첫눈에 소비자의 눈길을 끌 공간을 기획하는 것, 즉 공간에 대한 브랜딩을 만들어 가는 것이 매우 중요한 포인트가 되었다. 이는 단지 임차인의 인테리어 효과나 임차인의 영업 또는 마케팅 실력에만 기대어 해결될 일은 아닐 것이다. 공간 자체가 주는 멋진 분위기, 공간이 위치한 거리의 개성, 그리고 그 빌딩이 가지고 있는 일련의 스토리가 있고, 찾아오는 사람들의 목적과 결을 알 수 있을 것 같은 부동산을 우리는 '브랜딩'이 된 부동산이라고 한다. 멋지고 괜찮은 공간, 그 공간을 내가 좋아하는 중요하고 의미있는 사람들과 함께했다는 것. '멋진 공간 = 좋은 공간'이 되는 이유이다.

취향공유 트렌드, '집'='퍼스널 브랜딩의 필수요소'가 되다

개인 공간의 디자인 취향을 노출하는 환경이 많아지면서 한 개인의 능력, 한 개인의 취향, 한 개인의 생활 방식이 하나의 브랜드가 되는 시대가 왔다. 이들이 먹고 마시고 입고 자는 곳이 모두 상품이 되고, 이들이 생활하는 공간은 쇼룸이 된다.

'개인의 사생활'의 영역, 그 경계에 대해 생각해 보았다. 수십 년 전만 해도 우리는 연예인이나 유명인에게만 '사생활'이라는 단어를 붙였던 것 같다. 그 시절 우리는 그들의 사생활을 알 길이 없었다. 일간지의 신문기사를 통해서 연예인의 사생활을 얻게 되는 것이 전부였을까. 가수는 무대에서, 배우는 스크린에서 그리고 지상파 방송에서 볼 수 있는 것이 전부였다. 공인은 정말 공인 그 자체였다. 연예인이나 유명 기업인, 정치인이 아니면 일반 대중들 중에는 특별히 삶에 영향력을 행사할 수 있는 힘을 가진 사람도 없었을지 모른다. 유행의 모든 시작이었고, 끝이었다. 〈연예가 중계〉 같은 프로그램이나 토크쇼의 초대 손님으로 나오기 전에는 좋아하는 연예인의 평소 말투도 상상하기 힘들었던 시절, 생각보다 그리 오래되지도 않았다.

지금 우리가 생각하는 사생활이란 어떤 것일까? 연예인의 일상이 SNS를 통해 공개되고, 태그되고, 공유되는 세상에서 더이상 그들에 대해 궁금하기 때문에 좀 더 열심히 TV를 챙겨보는 노력을 할 필요가 없어진 것을 깨달았을 때, 나는 사생활과 공적 활동의 범위에 대해서 명확히 구분하는 것이 가능한 일이 아닐 것 같다는 생각을 해보았다. 연예인, 그리고 그들만큼이나 대중에게 영향력을 줄 수 있는 인플루언서, 우리는 이제 그들의 일상과 개인사는 물론 그들이 사는 집 인테리어, 그들이 쓰는 가구와 가전의 브랜드를 통해 그들의 안목과 취향을 가늠해 볼 수 있는 시대를 살고 있다.

꼭 대중에게 인기가 있는 누군가가 아니어도, 이제 소통의 공간 속에서 개인의 공간이 자연스럽게 노출되는 것은 피할 수 없게 되었다. 내가 가는 곳, 내가 읽는 책, 내가 쉬는 거실 공간의 모습 속에 나 자신이 투영되고, 그 삶의 모습은 스마트폰의 카메라를 통해 자세히 담긴다. 우연히 보게 된 사진 속에서 누군가는 테이블에 주목할 것이고, 누군가는 컵이 눈에 띌 수도 있고, 누군가는 멋진 조명이 먼저 보일 수도 있다. 취향이 자연스럽게 서로 공유되고 안목이 평가되는 시대. 그렇게 나도 모르게, 그리고 남도 모르게 서로의 관심사는 공유되고 스며들어 간다. 나 자신에 대해서 노출할 수 있는 채널의 수 만큼이나, 한 번에 노출되는 정보의 양도 실로 엄청나다. 우리가 인식하든 하지 않든, 각자의 생활은 생각보다 많은 곳에서 평가받고 있는지도 모른다.

취향을 반영한 공간으로 사생활을 채워가는 것은 인테리어 산업과 건축에도 고스란히 반영되고 있다. 가구 브랜드나 조명의 브랜드에 대한 관심도 지대하다. 이제는 어느 정도 대중화되었다고 말할 수 있을 정도로 고가의 가구나 조명에 대한 수요가 늘어났다. 인테리어 스타일에 있어서도 단순히 어떤 스타일을 좋아하고 있다는 특정 취향을 넘어 더 디테일하게 타일이나 자재까지도 개인의 안목을 반영하는 데 포함된다. 마치 연예인이 〈나 혼자 산다〉라는 프로그램을 통해 아침부터 밤까지 삶의 모습 하나하나를 보여주고, 생활방식을 내레이션하듯 우리도 인스타그램의 게시물을 통해 인플루언서의 일상을 볼 수 있기에, 그들이 사는 집은 그 자체로 촬영장이 되고 무대가 된다.

상업용 부동산을 이야기 하다가 갑자기 인플루언서의 공간에 대해 이야기한 것이 다소 의외일 수 있다. 그런데 의외로 퍼스널 브랜딩을 이해하는 것은 브랜딩이 어떤 가치를 가지는지, 한 개인이 어떤 영향을 가지게 되는지에 대한 이해와 함께 공간 브랜딩, 빌딩 브랜딩이 가지는 가치에 대해 설명할 수 있는 기초가 된다. 인플루언서의 공간을 이해하는 것은 한 사업과 그 사업이 존재하는 공간이 일관성을 가지기 위해서는 어떻게 공간이 연출되어야 하는지, 또한 그렇게 기획된 부동산은 얼마만큼의 부가가치를 낼 수 있는지를 설명하는 좋은 예시가 된다.

'인플루언서의 공간'

많은 분야에서 상당히 좋은 이유로 대중의 공감을 사고 개성을 인정받은, 이른바 퍼스널 브랜딩이 잘 된 인플루언서들은 그들의 생활이 노출될 때마다 엄청난 광고효과를 가져다준다. 사람들은 그들이 내가 아는 곳에 다녀가거나 내가 좋아하는 취미를 그들도 좋아할 때 내적 친밀감을 얻게 되고 더 많은 사랑을 나누어 준다. 인플루언서의 취향을 존중하고 공감하는 만큼이나 그들의 선택을 신뢰한다. 그렇기에 인플루언서는 그 이름만큼이나 책임감을 가지고 더욱 더 정제된 안목과 선택으로 대중의 공감과 사랑을 받고자 한다. 본인의 이름과 이미지를 걸고 개성에 맞는 아이템과 수준에 맞는 공간을 찾는다. 가령 캠핑 인플루언서의 경우 그들이 사용하는 하나하나의 아이템은 오랜 시간 사용 경험에 장단점을 잘 걸러낸 유용한 아이템일 것이라는 신뢰가 반영되고, 그들이 즐겨가는 캠핑 스팟 역시 캠핑 초보들에게는 상당히 좋은 레퍼런스로 작용하게 된다. 그렇기에 무작정 광고협찬을 통해서 캠핑을 보여주기보다는 진정성 있고 신뢰할 수 있는 콘텐츠를 만들고자 더 많이 연구하고 고민하는 것이다.

인플루언서가 다녀간 자리는 단 몇분 안에 최소한 수백에서 수십만 명에게 노출된다. 그들의 안목과 그들의 취향을 공감하는 이들에게, 그 공간은 더욱 특별하게 느껴질 것이며 기억에 남는 공간이 될 것이다. 최근 트렌드는 이러한 인플루언서들이 저마다의 팔로워를 이끌고 한 자리에 모인다는 것이다. 사업, 강의, 동기부여, 또는 친목이라는 주제로 이들은 주기적으로 만나 서로의 팔로워들이 한 자리에 합쳐지는 시너지를 공유한다. 이때 주목할 만한 것은 이 영향력 있는 사람들이 만나는 장소이다. 이들의 모임을 잘 살펴보면 그들이 사업을 하는 공간, 또는 최근에 매입한 부동산의 공간, 그들이 앞으로 영업을 하고자 하는 공간일 때가 있다.

의도하든 의도하지 않든, 공간을 노출하였을 때 대중들은 상당히 많은 관심을 가지게 된다. 유명한 작가이자 인플루언서의 사업체 중 하나인 '욕망의 북카페'를 생각해보면 이해하기 쉬울 것이다. 이 사업체를 운영하는 자청이라는 작가의 생각에 동의하고 결을 같이 하는 사람들은 욕망의 북카페에서 일어나는 일들에도 자연스럽게 눈길이 가게 될 것이며, 이 공간에서 모이는 사람들에게도 동질감을 느끼고 있을 것이다. 이렇게 많은 사람의 주목을 받는 사업체가 있는 빌딩과 아무도 모르는 어느 빌딩이 부동산으로서 같은 가치를 가지고 있다고 생각하지 않는다. 향후 새로 이 공간에 들어올 임차인에게도, 그 주변에서 사업을 하는 다른 이들에게도 이들이 가져온 유명세와 브랜드는 눈에 보이는 수익성 이상의 결과로 돌아온다.

이제 공간이라는 의미를 다시 정립해본다면 빌딩 브랜딩이 왜 우리에게 중요한지 알 수 있다. 강남역 이면도로를 지나 오르막 골목을 올라가서 만나는 어느 근생 건물이 강남 대로변 보험회사 사무실이 가득찬 사무실 건물보다 대중들에게 브랜드로서 더 잘 알려져 있을 수 있다는 것에서 빌딩 브랜딩의 개념은 시작한다.

입지를 뛰어 넘는 또 다른 기준
'빌딩 디자인'

3

빌딩 매입 시 중요하게 생각하는 '입지'의 한계

일반적으로 빌딩을 매입할 때에 우리는 부동산을 통해 입지에 대해서 정형화된 몇 가지 요소에 대한 자료를 모아 놓은 시트를 받게 된다. 3종일반인지 준주거지역인지, 대로변인지, 4차선 도로에 인접해 있는지, 코너 건물인지 아닌지 등 여러 조건들이 적혀 있는 매물에 대한 설명자료이다. 그렇게 접하게 된 매물 중에서 입지조건이 마음에 드는 건물이 있다면 반드시 그 지역을 직접 가볼 것을 추천한다. 차를 타고도 가보고 걸어서 돌아다녀 보는 것도 중요하다. 나의 건물을 마주치는 손님, 고객, 임차인이 어떤 기대를 가지고 나의 건물을 찾아올지 떠올려 보는 과정이 필요하다. 주변 다른 건물과 비교했을 때 내가 매입을 희망하는 건물이 어떤 특별함을 가지고 있는지를 알아야 한다. 신축건물이라고 무조건 좋을 것 같았지만 직접 가보면 다른 건물에 비해 건축선이 한참 후퇴하여 해당 건물만 눈에 띄지 않는 경우도 있다. 반대로 입지 정보만 보았을 때는 경사로에 있어서 마음에 들지 않았던 건물인데, 막상 가보니 양쪽 도로에서 노출되어 지하층이 없이 1층 효과만 볼 수 있는 괜찮은 건물도 있다. 그런가 하면 도로변 건물이라고 하여 평당 가격을 주변 건물에 비해 비교적 비싼 가격에 안내 받았음에도 우거진 가로수 때문에 해당 건물이 전혀 노출되지 않는 경우도 정말 많다. 임차인이라면 간판조차 노출되지 않는 비싼 건물에 들어올 리 만무하다.

입지라는 것은 생각보다 많은 한계를 가지고 있다. 건물을 매입하는 목적에 따라 입지분석이 정말 중요한 이유는 입지의 장점이 중요해서만은 아니다. 그보다는 일반적으로 쉽게 알지 못하는 지리적 약점을 파악하는 것이 더 중요하기 때문이다. 좋은 입지를 비싼 값을 주고 매입하면서도 자릿값을 제대로 하지 못하는 건물들이 얼마나 많은지 역세권 상업지의 공실률을 보면 알 수 있다. 입지만을 바라본다면 시장의 변화에 능동적으로 대응하기 힘들어진다. ○○역 역세권의 건물을 비싼 가격에 매입하였음에도, 인근에 새로운 노선이 생겨 상권이 옮겨지는 상황은 언제든 일어날 수 있는 일이다.

그래서 빌딩에 투자할 때는 입지 +α를 보아야 한다. 도로가 없거나 입지가 너무나도 좋지 않은 매물은 부동산 입장에서도 투자의 관점에서 추천하지 않는다. 이 입지를 극복하기 위해 기획해야 할 요소가 너무 많은 경우, 생산적인 투자로 볼 수 없기 때문이다. 입지요건이 나쁘지 않다는 가정하에, 입지를 극복하여 지역 최고의 건물로 트래픽을 일으킬 수 있는 여지를 찾아내야 한다. 여기에서 기회가 생긴다.

입지를 극복할 중요한 요소, 바로 디자인이다. 스탠다드 리퍼블릭의 리모델링 프로젝트 중에서 가장 애정하는 프로젝트가 있다. 가구디자인 회사 '우노'의 사옥 이야기이다. 이 프로젝트는 나에게 디자인이 건물의 쓰임을 어떻게 바꿀 수 있는지, 입지를 어떻게 극복할 수 있는지, 그리고 골목 상권을 어떻게 끌어올릴 수 있는지에 대한 확신을 주었던 프로젝트이다.

분당 정자동에 위치한 커스텀 메이드 주방 가구 스튜디오 우노, 가구 제작 공장과 쇼룸, 디자인 사무소를 운영하는 어느 정도 규모가 있는 회사이다. 수년 전, 사옥을 매입하고자 서울 양재동 인근을 계속 다녀보았지만 느낌이 오는 건물을 찾지 못해, 서울 양재동과 비교해도 인테리어 수요가 크게 차이나지 않는 분당 정자동으로 눈을 돌리면서 지금의 사옥을 찾게 되었다. 양재동 인근 이면도로와는 달리 정자동의 도로는 신도시답게 잘 정비되어 있고 직선으로 뻗어 있기 때문에 괜찮은 건물을 매입한다면 빌딩 브랜딩으로 가치를 입증할 수 있는 요소는 많이 있었다. 근사한 주상복합, 어느 층에서나 보이는 시원한 산책로 옆, 우노의 사옥은 그렇게 자리를 잡았다.

입지를 극복하는 디자인의 힘

리모델링이 되기 전 우노의 건물은 분당 정자동의 최고급 주상복합단지 맞은편의 한적한 주택가 이면도로에 위치한 오래된 교회건물이었다. 이면도로의 상가주택, 큰 도로에서 조금만 뒤로 돌아가면 볼 수 있는 그런 건물이다. 너무나도 흔한 조건이지 않은가. 오늘도 수많은 이면도로의 상가주택을 지나 왔을 것이고, 우리는 이렇다 할 이야깃거리를 찾지 못했을 것이다. 기억할 만한 요소가 있지 않는 한 딱히 지나온 건물을 떠올릴 이유도 없다. 지금 이야기하고자 하는 우노의 사옥 건물은 그 수많은 이면도로의 상가주택과 다른 특별한 '하나' 덕분에 기억할만한, 그리고 기억에 남는 건물로 다시 태어나게 되었다. 그 특별함은 바로 '디자인'이다.

우노 쇼룸은 도로변에서 딱 한 블럭 뒤에 위치한 이면도로 코너에 자리하고 있다. 차량으로 지나가거나 도보로 산책하는 경우, 도로변 건물과 비교하더라도 가시성에서는 큰 차이가 없을 정도로 잘 보이는 위치이다. 아니, 그렇게 잘 보이는 이유는 지금의 '우노' 건물이기 때문이다. 이전에는 몇 번을 지나가도 그 곳에 어떤 상가가 있었는지, 어떤 모양의 건물이 있었는지 알 수 없었을 것이다. 디자인, 콘텐츠, 스토리 등, 우리가 그 시간과 그 장소를 기억할 만한 요소가 하나라도 있었다면 우노 쇼룸의 매입 가격은 조금 더 높았을지 모른다. 가시성이 꽤 좋고 코너 건물임에도 매료될 만한 특징이 없어서 상대적으로 합리적인 가격에 매입할 수 있었다. 심지어 전면도로의 건물들은 주차된 차량이나 가로수에 가려져 업종조차 알 수 없었음에도 꽤 비싼 가격이었지만 우노의 건물은 그렇지 않았다. 입지를 볼 수 있는 사람들이 보기에는 굉장히 괜찮은 자리에 위치하고 있었다. 하지만 외관상 너무나 흔한 건물이었기에 인근 부동산은 물론 다른 매수자들에게도 그다지 특이점이 보이지 않았을 수 있다. 지금 우노 빌딩은 감각적 디자인을 통해 분당 정자동 인테리어 거리의 간판빌딩이 되었다. 부동산에 대한 남다른 사업 감각은 이러한 자리를 알아보고 준비하고 디자인을 채택하여 구현하는 건축주의 사업적 판단이 뒷받침 되어야 한다는 것을 확인할 수 있었던 프로젝트였다. 이 건물의 입지는 디자인을 기획한 후의 진정한 부동산의 입지적 가치를 알아볼 수 있을 때 빛나는 곳이었다.

리모델링 공사의 핵심은 이전 건물의 상태보다 월등히 나아질 수 있게 만드는 요소가 있어야 한다는 점이다. 용적률이나 주차 대수 등을 고려해 보고 신축으로 진행할 것인지 리모델링으로 진행할 것인지에 대한 충분한 고려를 한 후 결정하게 된다. 우노 건물의 경우는 현행 건축법규를 적용받는 것보다는 리모델링으로 진행하였을 때 건물의 활용도에 있어 유리했기 때문에 리모델링 프로젝트로 시작하게 되었다. 그리고 프로젝트 첫 단추부터 디자인 회사라는 아이덴티티에 맞춰 디자인 요소에 집중하였고, "돋보임, 웅장함, 건물 자체가 하나의 우노의 옥외 광고물로서의 효과를 낼 수 있도록"이라는 목표를 가지고 시작하였다.

외벽공사가 마무리되는 시점부터 이 건물은 지역사회에서 많은 관심을 받았다. 건축주분은 하루에도 몇 번씩 어떤 업종인지 문의를 받으셨고, 실내 인테리어 공사가 진행되는 동안에도 대형 '카페일 것이다', '갤러리일 것이다' 등 여러 추측과 소문을 일게 했던 디자인. 그렇게 우노 사옥은 분당 정자동에서 유명해지기 시작하였다.

우노 쇼룸 맞은편 주상복합단지에서도 우노는 눈에 띈다. 창문에서 내려다 보면 독보적으로 웅장하고 아름다운 건물이 눈에 띄고, 어떤 곳인지 꼭 가봐야겠다는 마음에 산책길에 들렀다가 쇼룸을 통해 '우노'라는 브랜드를 알게 된다. 기획단계부터 이러한 트래픽을 준비한 효과이다. 빌딩 브랜딩은 이런 것이다.

인테리어 스튜디오 골목으로 변신한 우노의 골목

반전은 따로 있었다. 공사를 시작할 때만 해도 나는 이면도로의 거리에 있는 작은 상가들이 어떤 업종인지 알지 못했다. 사실 큰 관심이 없었다고 해도 과언이 아니다. 그저 그런 상가주택들은 특별한 이유가 없다면 눈에 띄지 않는다. 분당 정자동 우노 쇼룸이 위치한 곳에는 크고 작은 인테리어 스튜디오들이 있었고, 그 수요에 맞게 크고 작은 건축 자재 상가도 자리 잡고 있었다. 하지만 지역 주민조차도 그곳에 인테리어 스튜디오가 있는지 알지 못했고, 심지어 건물을 매입할 당시 건축주인 우노 대표님조차도 알지 못했다고 했다.

우노 쇼룸이 오픈하면서 그 골목에는 인테리어를 원하는 실수요자들이 몰리기 시작했고, 우노 건물은 너무나도 자연스럽게 분당 정자동 인테리어 골목의 상징이 되었다. "그 건물 쪽에 가면 페인트도 팔고, 디자이너들도 많더라"라는 입소문이 돌기 시작했다. 우노의 옥내광고물을 통해서 인근 상가에서 판매하는 인테리어 자재들의 광고의 영상을 송출해 주기도 하면서, 이 건물은 골목에 생명을 불어 넣기 시작했다. 디자인은 이렇게 비로소, 상권과 지역을 밝혀준다. 사람들이 모여들고, 모여듦으로 인해 건물의 가치가 상승하고, 임차인과 방문객들이 많아지면서 더 좋은 콘텐츠로 채워진다. 빌딩 브랜딩을 통해 궁극적으로 원하는 변화이다.

임차인을 매혹시키는
빌딩을 디자인하라

4

이번 장에서는 건물을 소유할 예정이거나, 이미 소유한 경우에 '디자인'이라는 관점에서 어떻게 경쟁력 있는 건물로 이끌어 낼 수 있는지에 대한 고민을 담아보려고 한다. 디자인적 요소는 개인의 취향과 가치관, 공간이 쓰이는 목적, 예산에 따라 천차만별의 모습으로 나타난다. 따라서 특별히 잘 되는 '디자인'을 정의하는 것보다는 유행과 시대를 초월해서 대중들에게 사랑받는 디자인적 요소를 찾아내는 것에 집중하였다. 중개의 경험과 함께 소비자로서의 경험도 고민하여 보니, 다음의 두 가지가 건물을 선택할 때 중요한 디자인적 요소로 간주려졌다.

시각적 압도감을 주는 빌딩의 희소성

파리 오르세 미술관은 나에게 색다른 공간감을 느끼게 해준 곳이었다. 내가 방문했던 수많은 다른 미술관 또는 박물관은 대부분 수직적으로 층이 나뉘어 있고, 로비 또는 홀에서 다른 홀로 이동하는 통로를 통해 전시실을 옮겨다니는 구조였다. 멋진 작품은 기억에 남지만, 공간 자체의 특별함은 크게 기억에 남지 않았다. 반면 기차역을 개조한 오르세 미술관은 다른 미술관과는 비교할 수 없을 만큼 수평적, 수직적으로 압도적이었다. 기존의 전시관 구조에서 벗어난 공간에 전시를 하다 보니 예상을 뛰어넘는 공간을 만나게 되었을 때의 예측 불가능한 재미와 함께, 전시관을 나올 때마다 그 규모에 압도되어 감탄을 했던 기억이 생생하다. 실내 공간의 수직, 수평적 한계를 벗어난 곳에 대한 기억은 한정된 공간을 소비하며 살아가는 우리의 일상과 대비되어 신비롭게 기억하게 된다. 돌이켜 보면 사람들이 굳이 찾아 올 만한 공간에는 '부피의 특별함'이라는 키워드를 빼놓을 수 없는 이유이다.

어느 공간에 갔을 때, 일상에서 만나기 힘든 웅장함, 공간이 주는 엄청난 압도감을 느껴 본 적이 있는가. 심리학적으로 인간은 우리가 머무는 땅과 하늘, 광활한 자연에 비해 조그맣고 연약한 존재이기에, 웅장함이라는 감정에 경외심과 감탄을 연결시킨다고 한다. 근본적으로 우리 인간은 작은 존재이자, 필요한 공간만을 소비하는 일상을 살고 있기 때문에, 내가 일상적으로 머무는 공간의 규모에서 벗어났을 때의 개방감과 만족감은 일상적이지 않은 특별함으로 느껴지게 된다. 일상의 공간에서는 내가 집중하고 온전히 편안함을 느낄 수 있는 규모, 일상 생활을 유지하는 것에 피로함을 느끼지 않을 만큼의 크기에 만족하며 적응하여 살아가게 된다. 이에 비해 탁 트인 하늘, 강, 바다, 산에서 느끼는 해방감은 일부러 찾아가서 느끼고 싶은 소중한 감정이며, 기록하고 공유하고 싶은 경험이 된다.

빌딩이라는 '사업하는 공간'은 투자의 관점에서 보았을 때 타깃으로 하는 사람들이 찾아오고, 즐기고, 트래픽이 있기에 임차인이 들어왔을 때 장사할 만한 곳이라는 판단이 내려졌을 때 사업적으로 성공할 확률이 높다고 생각된다. 부동산 투자에 있어서도 이러한 점을 고려하여, 나는 사람들이 '공간의 부피와 규모'로 기억할 만한 빌딩을 매입하기를 추천한다.

사실 20년 전, 아니 불과 10년 전만 하더라도 백화점이나 마트에 가서 물건을 담아 집에 돌아오던 일상, 백화점에 가서 필요한 장갑, 신발을 찜해놓았던 시절이 그다지 특별하지 않았다. 당연히 내가 목적을 가지고 발걸음을 하기에, 그 목표를 달성할 수 있는 것이 가장 중요할 뿐, 거기에 예쁜 볼거리, 맛있는 음식이 있는 것은 '있으면 금상첨화, 없으면 말고'의 영역이었다. 하지만 정말로 세상이 바뀌었음을 느낀다. 특히 팬데믹 이후 우리는 주문한 지 몇 시간 이내에 내가 원하는 재화가 집 앞에 담겨 있는 일상이 너무나 자연스럽다. 이제는 배달을 하지 않고 굳이 힘들게 백화점이나 마트에 가야 할 특별한 이유가 필요해졌다. 커피가 필요하면 배달로 몇 분이면 커피를 마실 수 있다. 그런 우리가 커피숍에 가는 이유는 카페인이 필요해서일까?

이제 대부분의 공간에 방문하기 위해서는 '이유'가 필요하다. 현재와 미래의 부동산 투자 키워드는 굳이 찾아가야 할 '이유'를 가지고 있는 공간이어야 한다는 것은 이제 트렌드를 넘어서 상식으로 여겨진다. 임차인의 입장에서는 건물의 구조, 뷰, 기둥의 간섭, 층고의 간섭이 없는 건물을 만났을 때 다른 건물과의 차별성이 있다고 느끼게 되고, 그 안에서 만들어 낼 수 있는 무한한 공간의 가능성과 개방성을 기억할 것이다. 다른 건물을 가봐도 이와 비슷한 조건의 느낌을 받을 수 없다면 월 임대료가 10% 정도 비싸더라도, 해당 공간에서 사업을 하기 위해 돌아올 것이다.

그렇기 때문에 빌딩에 투자할 때는 해당 빌딩의 면적과 공간에 대한 고민에서 넘어서야 한다. 가성비와 용적률, 공간 최대 활용률보다는 이 공간이 다른 공간과 '다르다'는 느낌을 주는지, 그리고 그로 인해 사람들이 굳이 찾아올 이유가 있다고 느낄 수 있는지를 더 생각해야 한다.

서울에서 공간에 대한 규모감을 느낄 수 있는 곳은 생각보다 많지 않다. 그 동안의 부동산은 좁은 땅에 얼마나 돈이 되는 사업체를 많이 집어 넣을 수 있는지에 따라 부동산 사업의 성공 여부를 판단해 왔기 때문이다. 오래된 아파트 단지의 상가 중에서는 심지어 벽으로 공간을 구분하지도 않은 채 천막 또는 선반으로 호실을 구분하고 구분상가로서 월세와 관리비를 납부하는 아파트 상가도 있었다. 그만큼 한 공간을 넓게 쓰는 '기획된 사업' 공간이기보다는 한 공간을 '최대한 많은 사업자들이 모여서 장사하는 장소'로서 접근해 왔던 것이 우리의 부동산 사업의 모습이었다. 그때는 그 사업이 옳았다. 인터넷 주문, 배달이 없던 시절, 우리는 퇴근길에 장도 보고 오징어튀김도 사고 아이들의 숙제를 챙길 문구류도 사왔어야 했다. 집 앞 상가는 그 시절의 쿠

광이었던 것이다. 부동산은 우리가 일상을 바꿔온 시간만큼 빠르게 움직여주지 않기에, 이제 와서 이렇게 잘게 쪼개진 공간들을 개방감 있게 풀어내는 것은 생각보다 어려운 일이 되었다. 큰 공간을 만들고, 부피의 가치를 구현해 내는 일은 부동산을 새로운 시각으로 바라볼 때 가능하다.

40년 전에는 소비자들의 손에 핸드폰이 없었다. 온라인으로 얻을 수 있는 먹을 거리도, 재화도 없었다. 사진을 찍으면 인화해서 내 방에 걸어 둘 뿐 공유하지 않았다. 세상이 너무나 바뀌었다. 우리는 부동산 투자를 고민할 때에도 집 앞에서도 먹을 수 있는 커피와 빵을 왜 먼 길을 찾아가 3층 높이의 천장과 그 위에서 쏟아지는 자연광, 풍부한 공간감을 느끼며 소비하는지 고민해야 한다. 소중한 사람들과 그 공간을 즐기고 영상을 남기고 사진을 찍어 특별한 하루를 SNS에 공유하는 시간들에 대해 고민해보아야 한다.

성공하는 공간의 모습은 어떤 것인지, 구체적으로 어떤 디자인이 좋은지에 대한 답은 쉽지 않다. 그러나 심플하거나 화려하거나, 블랙톤이거나 또는 화이트톤이거나 등의 구체적인 취향을 넘어서 절대적으로 선호하는 공간, 성공하는 공간은 '희소'한 공간이다. 내가 해석하는 '희소'한 공간은 일상을 벗어날 수 있는 공간이다. 멋진 경관을 독점하고 있는 공간이거나, 규모에서 압도적인 공간이다. 사실 이런 규모와 부피의 미학을 느낄 수 있는 공간은 아주 선택받은 입지에서만 누릴 수 있다. 울산바위를 볼 수 있는 델피노 같은 입지에 있는 땅, 가슴이 뚫리는 바닷가를 품은 건물을 소유하는 것이 쉽지 않다면 우리는 규모 자체로 압도적인 공간을 빌딩 안에서 시도해 볼 수 있다. 빌딩 매입 시 그 동안의 입지분석에서 고려하지 않았던 '건축 높이 제한 규정'을 검토하는 것이 그 시작이다. 반포 고속터미널을 지나 영양센터 건물에 삼계탕을 먹으러 가다 보면 영양센터 건물이 있는 블럭의 신축 건물들이 다른 근생 건물에 비해 훨씬 더 높은 층고로 지어진 것을 볼 수 있었다. 같은 3종 일반의 땅일지라도 건축 높이를 좀 더 높게 지을 수 있는 곳이다 보니 6층 건물을 7층 높이로 지을 수 있는 희소한 가치를 가질 수 있던 것이다. 이런 입지에는 건물의 부피감을 살린 공간을 연출할 수 있다. 다른 건물에서는 시도할 수 없는 많은 인테리어가 가능하다. 유명 브랜드의 쇼룸, 전시장도 될 수 있다. 미래의 부동산 사업을 위해서는 이런 입지를 알아보아야 한다. 이런 땅을 매입하여 인테리어, 신축, 리모델링을 통해 건물 안에서 구현할 수 있는 풍부한 공간감을 연출할 수 있는 선택지를 준다면 그것만으로도 임차인의 선택은 확고해질 것이다.

나의 건물에는 '자연'이 있는가

시원한 공간감을 연출할 수 있는지는 건물의 신축 단계 또는 매입 단계에서 거의 결정된다면, 건물 안에 자연을 들여놓을 것인가에 대한 결정은 좀 더 쉽고 간결하게 풀어낼 수 있는 요소이다. 미래의 부동산은 건물 안에 '자연'을 얼마나 들여놓을 수 있는지에 따라 부동산 사업의 성패가 나뉠 것이다.

'건물'은 본질적으로 인위적이고 비자연적이다. 빌딩은 콘크리트와 철근, 유리의 집합체라는 너무나 당연한 상식선에서 지어진다. 그런데 이 상식을 조금만 바꾸어 놓아도 희소한 건물이 된다. 나는 직업상 꽤 많은 사옥 건물을 다녀보았는데, 건물 로비 안에 큰 연못을 구현해 놓은 일동제약의 사옥은 잊히지 않는다. 오래된 건물이고 화려하지 않은 건물이지만 서초동 한복판에서 너무 특이하고 생소한 경험을 한 것 같은 기억 때문이다. 건물을 들어서는 순간 숲의 냄새와 적절한 습도를 느꼈다. 물고기가 물을 지나며 만들어내는 자연적 물소리가 한 걸음씩 가까워질 때마다 기분을 좋게 했다. 건물 내에 자연을 들여놓은 가장 좋은 예는 '더현대' 서울이다. 겨울에는 크리스마스의 황홀함을, 봄에는 새싹들이 막 자라나고 있는 흙의 촉촉함을 여의도 한복판 지상 6층에서 느낄 수 있는 경험에 사람들은 환호한다. 더현대 서울에서 이른 겨울 심어놓은 씨앗은 어느덧 봄의 새싹이 되고 여름에는 무릎까지 자라난다. 계절마다 싱그러움과 신비로움을 느끼게 한다. 흙이 있지 않을 곳에서 흙냄새를 맡고 밟을 수 있는 경험을 하게 된다. 사람들은 그 공간에서 기분 좋게 지갑을 연다. 여의도와 백화점이라는 구성은 처음부터 어울리지 않았던 키워드였는데도 말이다.

자연을 빌딩 안으로 들여오는 것은 상업용 공간뿐만 아니라 업무 공간 안에서도 가치를 가진다. 업무 공간, 사무 공간 안에서 사계절을 느낄 수 있다면 그 건물은 희소성을 가진 건물로서 우선적으로 선택받을 수 있다. 스탠다드 리퍼블릭 한남 사무소의 입지를 선택할 때, 나는 나와 나의 고객들, 나의 직원들이 창문 밖으로 볼 수 있는 풍경에 대해 깊이 생각해보았다. 사옥은 건물 안에 오래 머무는 사용자들의 만족도가 가장 중요하다고 생각했기 때문이다. 건물 화단을 통해 바라보는 꽃과 나무, 가로수의 배경, 그리고 어우러지는 파란 하늘과 정돈된 거리는 언제 보아도 만족스러운 경험이었다. 주변 시세를 고려하기에 앞서, 나는 또 다른 선택지였던 공사장이 보이는 건물을 뒤로하고 나무와 풀이 심어진 건물을 선택했다. 플랜테리어, 개인 정원이라는 키워드는 지금부터가 시작이다. 앞으로 훨씬 더 주목 받을 사업이 될 것이다. '나아바'라는 브랜드는 인조식물로 꾸며지는 플랜테리어의 한계를 넘어 수경으로 키울 수 있는 식물을 벽면에 설치하여 습도와 산소, 그리고 초록의 생명이 인테리어가 되도록 만들었고, 매우 좋은 사업 아이템으로 평가받고 있다.

임차인의 인테리어 공간을 넘어 건물 차원에서 자연을 만들어내는 아이디어가 필요하다. 정갈하게 잘 가꾸어 놓은 화단이나 테라스 공간, 옥상의 휴식 공간은 건물의 가치를 견인하는 데 중요한 역할을 한다. 디자인적 요소로서 자연을 활용한다면 더욱 큰 효과를 기대할 수 있다. 자연을 '단독 콘셉트'로 한 건물을 기획하는 것도 추천한다. 자연을 디자인으로 특화시킬 때는 화분 몇 개로 완성될 것이 아니다. 온실을 콘셉트로 한 공간을 만들어 보거나, 외벽 전체를 싱그러운 자연으로 채워, 다른 건물과는 '다르다'라는 느낌을 주는 것이 중요하다. 첫인상에서 임차인이 이 건물이 아니면 재현하기 힘든 요소를 발견할 수 있어야 더 좋은 조건의 임대 계약을 할 수 있다. 정말 특별한 경우를 제외하고, 자연적인 요소가 아름답게 가미된 건물에서 마이너스 점수를 받을 일은 많지 않다. '자연'을 건물의 콘셉트로 잘 기획하고, 즐길 수 있도록 담아내서 디자인으로 풀어보는 것을 강력하게 추천한다. 집에서 모든 것을 해결할 수 있는 소비자는, 집을 나와서 또 집과 같은 답답하고 인조적인 공간으로 굳이 들어오려 하지 않는다는 점에 착안하여야 한다. 집에서 화분으로 볼 수 있는 것과는 다른 모습으로 자연을 재현해내야 찾아올 이유가 되는 것임을 기억하자.

'올드'가 아닌 '클래식'한 공간을 기획하라

5

공간의 재발견, 기획을 통한 리모델링

나는 아직도 〈응답하라〉 시리즈를 생각하면 가슴이 뛴다. MZ 세대의 끝자락인 나에게는 1988 시리즈의 꼬마 아이 정도 눈높이로 기억되는 시점이 전부이지만, 그 시절의 예스러움이 촌스럽지 않게 스토리에 녹아드는 것이 특히 신비로웠다. 그 시절을 지금 살아보라고 하면 참으로 불편한 것들이 많다. 특히 부동산의 눈으로 바라본다면 주차가 되지 않는 좁은 골목길과 이동객을 전혀 고려하지 않은 계단들은 사업 수익과 연결시키기엔 너무나 멀다. '재개발 투자를 한다면 저 곳으로 당장 달려가서 지금과는 비교할 수 없을 만큼 적은 돈으로 40년 후 아파트 입주권을 받을 수 있는 단독 주택을 매입해야지.'하는 정도의 감흥이다. 그럼에도 불구하고 우리는 그 시절을 '추억'이라는 잘 포장된 스토리와 탄탄한 연출과 연기로 만나기 때문에 눈물이 흐를 정도로 아름다운 기억들로 이끌어낸다.

이처럼 예스러움과 복고가 촌스럽지 않게 느껴질 수 있는 것은 정말로 진심으로 기획의 몫이다. 기획이 되지 않은 옛 공간은 우리의 눈에 멋스럽게 느껴지지 않는다. 고스란히 불편함을 겉으로 보여주고, 오래되고 낡은 모습이 노출되어 위험하거나 불량한 이미지를 가져다 줄 수도 있다. 오래된 동네와 낡은 건물, 정비나 포장이 되지 않은 도로를 내가 걷고 있다고 생각해보자. 그 길 어딘가에서 운영하고 있는 어느 선물가게의 먼지 쌓인 진열상품을 구매할 생각이 있는가?

우리는 이미 답을 알고 있다. 올드한 공간에서 떠오르는 이미지는 잘 포장해 내지 않았을 때는 그저 '낡았을 뿐'인 것이다. 그런데 '기획'이라는 멋진 일들을 해내는 사람들이 이 공간에 스토리를 끌어내고 낡음을 옛스러움으로, 올드함을 클래식함으로 조금씩 바꾸어 나가면서 작은 상가 한 칸에 숨이 불어넣어지고, 건물에 사람들이 찾아온다. 사람들이 찾아오는 모습에 주변의 상가들도 조금씩 묵은 때를 벗어낸다. 그렇게 그 거리는 40년 전으로 돌아간 듯, 대중들의 사랑을 받는다.

부동산에서 '공간'이 대중들의 사랑을 받는다는 것은 수익을 현실화시키는 것에 정말 많은 영향을 준다. 상가의 경우 그러한 대중들의 사랑은 현재는 넘치는 매출로, 미래에는 공간을 다른 임차인에게 넘길 때에 '권리금'이라는 것으로 수익화되며, 건물은 '임대료'로 수익화된다. 기획이 된 공간은 낡은 상태였을 때는 미처 생각해보지 못했던 건물의 또 다른 가치에 대한 아이디어를 떠오르게 한다. 오래된 공장이나 창고를 리모델링하여 새로운 공간으로 재창조해 내는 케이스는 서울에서는 주로 준공업지역에서 많이 볼 수 있다. 나는 성수동의 변화를 통해 기획된 공간이 얼마만큼 지역과 도시의 분위기를 바꿔주는지 말하고 싶다.

성수동이 전략정비구역으로 지정되면서 투자자들의 눈은 이 지역이 얼마나 강남과 가까운지, 이 지역이 얼마나 한강뷰가 잘 나오고 얼마나 교통이 좋은지와 그로 인한 개발의 수익성을 분석했다. 성수전략정비구역 인근에 위치한 준공업지역은 성수전략정비구역의 비상과 함께 주목을 받기 시작했다. 오르는 인건비와 임대료, 산업구조의 변화로 성수동 준공업지역에서 사업을 하고 있던 창고업체나 자동차 정비업체 등은 다른 지역으로 이전하게 되는 경우가 정말 많이 있었다. 대부분 일반 상가들보다 큰 시설물들을 가지고 있었던 업체였고, 공실이 되면 다른 용도로 전환하기에는 쓰임이 명확하지 않은 곳들이었다. 공간을 기획하는 이들에게는 도심 속에 이렇게 층고가 높고 넓게 뚫린 사업용지에 대한 아이디어가 있었다. 가장 대표적인 것이 대림창고이다. 새것을 만드는 게 아니라 옛것을 기획하여 만들어낸 성수동의 카페거리는 정확하게 사람들의 마음을 움직였다.

많은 매체에서 이 특이하고 멋스러운 공간을 배경으로 콘텐츠를 만들었고, 미디어에 수없이 노출되면서 사람들은 자연스럽게 성수동을 '경험'하고 싶어했다. 이렇게 사람들은 창고를 개조해 만든 개방감 있는 카페에 모였다. 성수동 거리가 가지는 특유의 옛스러움을 간직하고 있는 카페 외벽은 그대로 살려두었다.

문을 열고 들어갔을 때의 'WOW' 포인트는 옛것의 멋과 완벽히 조화를 이룬 모던하고 세련된 공간과 체험에 있다. 대림창고 프로젝트는 성수동 거리의 분위기를 하나둘씩 바꿔가기 시작했다. '힙'한 곳이 되어 가자 F&B 위주로 특색 있는 브랜드들이 자리잡기 시작했다. 볼거리와 함께 먹을거리가 생기니 '즐기는' 사람들이 모여들었다. 그러자 이제는 성수동을 찾아오는 이들에게 노출되고 싶은 브랜드가 성수동의 오브제처럼 입성하였다. 성수 디올은 노출을 원하는 브랜드 중 가장 대표적이다. 성수동 인근의 고급 주거공간을 의식하여 들어왔을 수도, SM타운이라는 브랜드를 경험하고자 찾아오는 외국인을 겨냥하였을 수도 있다. 그러나 구매력과는 상관 없이 '패션'이라는 브랜드를 '공간'으로 표현하고 이미지를 창출해 나가기 위한 디올의 새로운 기획과 시도로도 볼 수 있다.

사실 이러한 기획이 오늘날 우리의 경험과 체험 속으로 들어올 수 있었던 것은 뉴욕이나 런던, 파리 등 예술적인 감각을 표현할 수 있는 충분한 경제력을 가진 도시가 모던과 클래식, 그리고 인더스트리얼을 적절하게 눈에 익혀준 덕도 있고, 충분한 감각과 아이디어를 구현할 수 있는 아주 적당한 시기와 유행에 힘입은 바도 있다. 그리고 추억하기에도 황홀한 경제성장이라는 아름다운 기억을 가진 시기를 간직하고 있기 때문이기도 하다. 어떤 이유에서든, 공간에 있어서는 완전히 새것보다도 옛 공간만이 가진 가치와 힘이 존재한다. 단, 잘 기획되어야 한다. '낡은'이 아닌 '클래식'이 되어야 하고 '오래된 힙한 것'이어야 한다.

새로운 가치는 새로운 공간을 필요로 한다

'올드함이 아닌 클래식'이라는 가치는 새로운 브랜드, 새로운 사업에도 적용된다. 디지털 매체의 중요성은 2024년을 살아가는 모두가 알고 있을 것이다. 사회적 교류의 니즈를 충족시킬 수 있는 온라인 매체 덕분에 오프라인의 모임은 그 빈도와 중요도가 떨어질 것이라 예상했지만, 역설적으로 불편을 감수하고라도 만나야 하는 이유를 가진 오프라인 만남은 그 가치를 새로 생각해 볼 수 있게 되었다. 몇 초 안에 내가 원하는 정보를 검색해서 얻을 수 있는 포털 사이트와 AI 기술까지 더해진 CHAT GPT가 있음에도, 우리는 교과서를 통한 체계적 커리큘럼, 책으로 얻을 수 있는 밀도 있는 지식과 감성을 포털보다 상위의 플랫폼으로 소비한다. 이처럼 '올드한 것'이 '없어져야 할 것'이 아니라는 가치에 초점을 둔 아이디어들이 하나 둘씩 주목받고 있다. 불편함과 슬로우함을 기꺼이 받아들일 만한 필요와 이유가 있는 영역은 여전히 존재하는 것이다.

클래식의 영역에는 규모가 큰 공간만이 새로운 공간으로 드라마틱한 변화를 나타낼 수 있는 것은 아니다. 작은 건물, 작은 공간은 그 규모에 맞는 격과 분위기와 방향성을 제시할 수 있다. 성수동은 오랜 기간 동안 개발행위 제한구역으로 묶이면서 다른 도시공간을 걸을 때와는 차별화된 독특한 옛날의 분위기가 남아 있다. 건물의 오래된 연식 때문에 일대가 낙후되고 슬럼화 될 수도 있었지만, 성수동만의 분위기를 클래식으로 연출할 수 있는 기획이 낡음을 아름다움으로 승화시킬 수 있었다. 성수동의 오래된 상가 건물은 청담동이나 홍대처럼 번화한 상권에서는 임대료와 권리금 때문에 재능을 펼치지 못했던 능력 있는 청년들과 예술가들이 찾아와 사업을 시작하면서 그 나름의 멋을 찾아가는 공간이 되었다. 저마다의 개성을 가진 아티스트의 전시 공간, 시대의 감성을 담은 브랜드, 카멜 커피처럼 일명 '생활고 아티스트'로 시작하는 카페의 감성은, 조금만 번화하기 시작하면 큰 브랜드가 들어와 개성을 잃어버리는 여느 거리와는 조금 더 다른 옛스럽고 좁고 복잡하면서도 독특한 모습을 찾아 온 젊은이들과, 옛 시절의 향수를 그리워 하는 어른들이 즐기는 공간으로 재탄생하기 시작했다.

물론 이곳의 힙한 감성이 자리를 잡기 시작하면서 성수동 거리에도 큰 브랜드가 발을 들이기 시작했다. 하지만 다른 지역과는 조금 달랐다. 그들의 브랜드를 '성수동화'시켜서 들어오기 시작한 것이다. 개발행위에 제한이 있어서이기도 했지만, 성수동의 감성이 먹히는 공간이었기 때문이다. 클래식이 더 잘 어울리는 곳, 북촌의 어느 거리처럼 성수동도 그만의 분위기가 있었다. 오래된 낡은 골목을 걷다 보면 갑자기 버버리의 이번 시즌 화보 광고물로 건물 전체를 감싼 버버리 스트리트가 나오기도 하고, 이름만 들어도 알 수 있는 작가의 전시가 열리는 오래된 공장이 나오기도 한다. 옛스러운 가치를 살린 성수동 곳곳의 리모델링 프로젝트는 사실 도시재생사업의 부작용에서 시작된 것이었으나 그럼에도 기존에 없던 새로운 공간에 대한 감각과 기획으로 새것 이상의 가치와 감성을 가진 공간이 되었다. 비슷한 예로 오랫동안 특별계획구역으로 묶여 있었던 한강대로 일대의 와인바 거리와 용리단길이 있다. 고층 빌딩숲의 모습과 대비되는 골목의 모습 속에서 새로운 공간에 대한 아이디어를 얻은 젊은 사업가들은 감각적 인테리어를 통해 '캐주얼한 와인바'라는 새로운 공간을 만들어냈다. 찾아볼 만한 상호가 있는 것도, 간판이 있는 것도, 전화번호가 노출된 것도 없다. 대로변에서 보면 도대체 무엇을 하는 곳인지 알 수 없다. 그러나 SNS 속에서 그 공간은 끊임없이 홍보되고 끊임없이 검색된다. 그렇게 찾아오는 공간, 경험하고 싶은 공간이 되었다.

이처럼 새로운 가치를 가진 아이디어는, 새로운 공간을 만들어 낸다. 옛것이 요즘의 것보다 좀 더 고차원적인 것이 되도록 만들어 준다. 작은 규모의 공간일수록, 그리고 오래된 모습을 간직하고 있을수록, 새로운 아이디어와 디자인이 필요하다. 새로운 '브랜딩'이 필요하다. 내가 가진 부동산이라는 큰 자산이 낡고 뻔한 모습으로 남아서는 안 된다. 올드함을 '리프레시'시켜 줄 수 있는 다양한 시도를 기꺼이 받아들이는 자세가 어느 때보다 필요하다.

인재와 고객을 끌어당기는

빌딩 공간의 진화

6

직원들이 회사를 평가할 때 가장 중요한 요소 입지 + α

최근 유니콘을 지향하는 유망 스타트업의 주요한 마일스톤 중 하나는 '사옥이전'이라고 한다. 사옥의 입지가 회사의 규모나 투자 규모를 알게 해주는 업계의 분위기를 의식하여, 대외적 이미지를 위해서라도 유망 스타트업은 접근성과 인프라가 좋은 지역으로 사옥을 이전하면서 유능한 인재들을 유입하기 위해 노력한다. 그런데 최근 트렌드를 들여다 보면 사옥의 입지만큼이나 사옥 내에서 직원들의 업무 환경과 분위기를 만드는 데에도 상당한 투자를 하는 것을 볼 수 있다. 뱅크샐러드의 신사옥을 보면 요즘 기업들이 젊은 인재들을 만나기 위해 어떤 노력을 하는지 알 수 있다. 한국의 금융플랫폼 회사인 뱅크샐러드는 '아무튼 출근'이라는 공중파 방송 프로그램을 통해 사옥을 공개했다. 해당 프로그램에서 주인공이자 뱅크샐러드의 직원은 사무실 곳곳의 인테리어 포인트와 편의시설, 뷰가 좋은 오픈 데스크와 회의실을 소개한다. 직급 체계나 분위기가 확연히 다른 회사와 다른 만큼 인테리어 디자인을 통해 뱅크샐러드만의 기업문화와 브랜드 특징을 잘 살려 놓았다. 방송에서는 근무하는 직원들이 회사의 인테리어와 공간을 아끼고 사랑하고 자랑스러워하는 모습도 느껴졌으며 업무환경이 주는 편안함에 대해 끊임없이 설명해 주기도 했다. 사옥의 전반적인 인테리어 디자인이 뱅크샐러드 어플의 색깔, 브랜드와 이미지를 표현해 놓은 것도 인상깊었다.

과거에 사무실이라 함은 온전히 그 기능에 충실하기만 하면 되는 공간이었다. 밝고 환하고, 적당한 규모의 미팅룸, 직급 체계에 따른 자리 배치. 어느 회사에서나 개성을 찾기 힘들었다. 직원들도 어느 회사를 가더라도 업무 환경에는 관심이 없었을지도 모른다. 사실, 상관 없었을 것이다. 어느 회사나 비슷한 업무환경에서 일을 하고 있기 때문에 딱히 대외적으로 공유할 만한 경험적 가치도 없었을지 모른다. 회사 내에서는 임원급의 사무 공간이나 외부에서 오는 손님들에게 공개되는 곳에만 좀 더 힘을 주고 이미 내 식구들인 직원들의 사무 공간은 그다지 큰 고민을 하지 않는 분위기였다. 회사가 직원을 위해 업무 공간을 '제공'한다라는 의미보다는 직원이 회사에 알아서 '적응'해야 하는 분위기도 있었기 때문일 것이다. 그러나 끊임없이 인재를 영입하여 맨파워를 중심으로 커나가야 하는 기업들을 중심으로 인재를 영입하기 위해 특색 있는 업무 환경을 통해 기업을 홍보하는 전략을 쓰고 있다. 이러한 문화는 '입지 + α'로서 회사를 대변하는 α요소를 더욱 특별하게 만들어 주고 있다. 뿐만아니라 퍼스널 브랜딩 된 개인이 직원으로 혹은 클라이언트로 혹은 방문자로 찾아올 때 건물의 디자인이나 뷰를 담아 외부 채널에 공유하는 것만으로도 얼마나 많은 트래픽이 생기고 기업이 노출되는지를 생각해본다면 α의 역할은 더욱 실감이 날 것이다.

기업의 철학과 가치를 대변하는 사옥 디자인

세계적인 기업 구글은 이미 예전부터 독특한 오피스 환경을 만들어 구글의 이미지를 떠올리면 사옥의 분위기와 디자인을 검색할 수 있을 정도로 공간, 즉 부동산과 브랜드의 이미지를 온전히 동일시 할 수 있게 브랜딩하여 구축하였다. 그래서인지 구글의 신사옥이 어떤 모습일지, 어떤 시설을 갖추었을지, 어떤 철학을 가지고 있을지 전 세계 건축학자뿐만 아니라 세계의 기업들이 주목하고 있다. 구글만의 '업무의 유연성'과 '자연과의 융합'이라는 주요 키워드를 어떻게 건축물 속에 담아내는지 건축계는 물론 부동산 업계에서도 관심도가 아주 높다.

애플의 사옥과 아마존의 사옥도 비교할 만하다. 애플파크는 애플의 창업자 스티브잡스가 추구했던 '완벽함'이라는 키워드를 담아내고 그의 아이디어를 담기 위한 노력이 여실히 보인다. 도로와 주차공간을 모두 지하로 숨기고 가장 심플한 소재인 유리로 외관을 지탱해 경관을 가릴 것이 없도록 지어졌다. 건물 안에 공원을 넣은 것도 창립자의 아이디어라고 한다. '애플=스티브잡스=애플사옥(애플파크)'로 이어지는 브랜드의 이미지는 사옥은 더

이상 그냥 '일하는 곳'이 아니라는 것을 반증한다. 아마존의 사옥 역시 사옥이 기업의 정체성이라는 것을 보여주고 있다. '더 스피어스'라는 유리돔 형태의 사옥은 언뜻 외부에서는 식물원처럼 보인다. 아마존이라는 이름을 그대로 보여주는 '자연'의 모습을 한 사옥이다. 아마존은 기존의 사옥뿐만 아니라 앞으로의 사옥 디자인에도 자연의 모습을 건축물로 담아낼 의지를 나타내고 있다. 이러한 세계적 기업의 행보는 다른 기업의 문화에도 적지 않은 영향을 미칠 것이다.

이처럼 사옥의 디자인에 기업이 생산, 제공하는 제품의 서비스나 상품의 이미지, 기업의 가치와 철학을 담아가는 트렌드는 앞으로 대기업뿐만 아니라 작은 브랜드에도 큰 영향을 미칠 것이다. 향후 우리가 투자할 상업 부동산 시장도 '디자인'으로 귀결되는 트렌드를 충분히 읽어내고 준비해야 하는 이유이다.

브랜드를 끌어들이는 디자인의 힘

최근 '로고 디자인'이라는 분야가 간판 디자인보다 훨씬 더 많은 수요를 가진다는 사실을 알고 있는가. SNS상에서는 사실 오프라인에서 알아봐주는 '간판'이라는 물리적 수단보다 한 번에 나 또는 나의 브랜드를 기억하게 할 프로필 사진이나 로고 디자인이 훨씬 더 유의미하다. 오프라인에서 간판은 간판 자체로 우연히 고객을 만나기를 기대하도록 만들어지는 것이 아니라 브랜드의 상표, 로고, 철학을 그대로 담아 주변 환경이나 건물과 조화롭게 '디자인'되도록 고안한다. 매우 바람직한 변화가 아닐 수 없다. 말 그대로 '간판'이 전달하고자 하는 의미가 완전히 달라진 것이다. 이렇듯 간판 하나에도 기업의 이미지와 분위기, 로고를 담아내는 노력을 하고 있는데, 건물의 외관이나 컨디션을 완전히 무시하고 입지나 임차료에만 의지해서 괜찮은 브랜드가 입점할 가능성은 앞으로 점점 더 낮아질 것이다. 내가 현장에서 느꼈던 가장 중요한 포인트는 그럼에도 불구하고 '디자인이나 분위기가 브랜드와 잘 맞는 괜찮은 빌딩이라면'이라는 조건이 받쳐준다면 다른 조건에 조금 부족함이 있을지라도 좋은 조건으로 계약이 진행되었다는 점이다. 큰 기업뿐만 아니라 작은 브랜드, 프랜차이즈, 인플루언서의 쇼룸으로 사람을 끌어당기는 요소에도 입지 + α인 디자인의 법칙은 여전히 유의미했다.

잘 기획된 빌딩에
탄탄한 브랜드 네이밍을 더하라

7

부동산은 운이 아닙니다. 투기가 되어서도 안됩니다

빌딩 브랜딩이라는 개념을 만들고 발전시켜 나가고 구체화시키는 모든 과정에서, '빌딩 브랜딩'이라는 메시지를 통해 전하고자 하는 것이 있었다. 그 메시지는 현장에서 많은 고객님들을 만나며 한 분 한 분의 자산에 직결되는 문제이기에 자칫 가볍게 설명하면 그 가치가 가볍게 여겨질 수도 있었다. 그래서 좀 더 진정성을 담아 전하고 싶었던 메시지이다. 부동산을 매입하는 의도와 목적, 바라는 결과는 각기 모두 다를 수 있지만, 결국에는 부동산 자산으로써 수익을 낼 수 있는 조건은 필수적이기에 마음이 무거웠다. 적어도 '나'라는 사람은 현 시점에서 숫자와 사진으로 볼 수 있는 것 이상을 볼 수 있어야 했다.

부동산과 관련된 일을 하면서 느끼는 것들 중에는 분명, '운'

이라고 표현하기 쉬운 많은 일들이 있다. 실거주를 목적으로 산 작은 빌라가 개발지역이 되면서 큰 자산이 되는 경우도 누군가는 운이 좋았다고 말하기도 한다. 부모님께 상속받은 논, 밭, 산에 도로가 날 때도 있고, 물류창고 부지로 수요가 몰리면서 전국의 땅이 들썩일 때도 누군가는 운이 좋아 부동산으로 부자가 되었다고 한다. 하지만 나는 그 운이 일회성으로 끝나는가, 그렇지 않은가를 생각한다. 두 번 반복되는 투자의 성공이 있다면, 그것은 운이라는 가벼운 개념으로 바라볼 일은 아니었다. 그리고 두 번 이상 반복되는 투자의 성공은, 정말 꾸준한 연구와 공부와 고민 끝에 내려진 선택에 대한 결과였으며, 투기성 선택은 아니었다는 것도 알게 되었다.

'건물주'라는 키워드가 현 세대에서 꿈과 희망과 부의 상징이 되었다. 세대와 나이를 가리지 않고 성공에 대한 욕심이 조금이라도 있다면 부동산을 찾아갔다. 부동산 거래는 적지 않은 자금이 오가고, 적지않은 비용이 드는 거래이지만, 현실은 고객에게는 너무 적은 정보만 제공된다. 투자보다는 투기로서의 성격을 띨 수밖에 없는 환경에 노출된다.

부동산에서는 길어야 5줄 정도 되는 부동산 정보를 보여주면서 "여기 지금 사려는 사람이 아주 많아요. 강남은 올라요. 강남불패. 30년을 부동산을 하면서 강남에서는 건물 가격이 내린 적이 없어."라면서, 그렇기에 더 빨리 결정해야 한다고 하고, 바로 계좌이체한다고 돈을 들고 기다리는 사람들도 대기하고 있다고도 말한다. 한 글자 한 문장 모두가 사실이다. 현장에서 내가 경험하는 것도 중개사의 태도나 워딩만 다를 뿐 큰 틀에서 전하고자 하는 말은 늘 다르지 않다. 큰 자산을 투자해야 하는데 결정할 시간은 너무나도 짧다. 짧은 시간에 '좋은 건물'을 볼 안목이 너무나 필요하다. 시간을 재촉하고, 결정을 하라는 그 순간이 투기가 되지 않으려면 충분한 계획, 충분한 연구, 충분한 공부가 필요한 이유이다.

그렇기에 나는 나의 고객님들께 이 책을 통해 빌딩 브랜딩이라는 개념을 설명하고 싶었다. 빌딩 브랜딩을 할 만큼 깊은 고민과 연구를 하고 현실의 지표와 함께 미래의 성장판까지 바라보는 구체적 계획을 세우고 있다면, 결정을 할 수 있는 10분 동안 옥석 같은 매물을 알아볼 수 있게 될 것이라 생각했다. 빌딩 브랜딩은 좋은 결정을 통해 투기가 아닌 투자로, 운이 아닌 실력으로 나의 자산을 대할 수 있게 된다.

비주얼 브랜딩, 스토리텔링, 인플루언서 마케팅값을 톡톡히 할 거예요. 빌딩도 상품이니까요

나는 전지현이라는 배우를 정말 좋아한다. 한결같은 그녀의 청순함은 함께 나이들어 가는 입장에서 때로는 신비롭기까지 하다. 학창시절부터 지금까지 전지현 씨의 광고를 보며 살고 있다. 20년의 시간 동안 그녀의 광고료는 매번 기사화 될 정도로 올라가며, 이제는 전지현 씨가 광고하는 치킨브랜드의 치킨 가격에는 닭값보다 전지현 씨 몸값이 더 많이 들어갔다는 농담이 생겨났다. 전지현 씨는 광고 속에서 한결같이 밝고 고급스러운 이미지를 유지한다. 그녀가 직접 제공하는 서비스가 아님에도 불구하고 전지현 씨가 광고하는 마켓컬리 광고를 보고 있자면 새벽 택배를 받아들며 유쾌하게 하루를 시작하는 귀여운 모습들이 떠오르고 여행사 광고를 볼 때면 늘씬한 몸매에, 청바지에 긴머리를 날리는 전지현 씨와 비슷한 나의 모습을 누군가 여행지에서 찍어주고 있을 것 같은 생각까지도 든다. 전지현 씨가 광고하는 브랜드는 전지현 씨의 이러한 일정한 이미지를 보여주고 싶어 하고 추구하는 브랜드라는 것이 예측가능하다.

이런 긴 부연을 한 까닭은, 빌딩 브랜딩은 나의 빌딩에 '전지현'을 입히는 일이라는 말을 하고 싶었기 때문이다. 전지현 씨가 광고하기 전, 인지도가 다소 약한 치킨 브랜드를 싼 가격에 산다. 그 후에 일정한 이미지를 유지하고 있는 '전지현'을 입혀서 치킨 가격을 조금 더 올리고 인지도를 얻는다. 충분히 수익을 낸 후에는 전지현이 더해진 고급 치킨브랜드를 팔게 된다. 나는 부동산에서도 적용되는 그 과정에 대해 나의 고객들과 함께 고민하고 싶었다.

전지현 씨가 '전지현'이 될 수 있는 이유에는 화려한 외모(디자인), 청순하고 늘씬한 그녀의 일관된 이미지, 무명시절부터 지금의 그녀가 있기까지 그녀의 노력과 작품 속의 모습들로 다져진 그녀만의 스토리, 그녀가 입는 것, 먹는 것, 사는 것 하나하나 이슈가 되고 노출되는 영향력까지, 각 요소들 중 어느 것 하나 치우치거나 모자람 없이 잘 구축되어 때문일 것이다.

빌딩에 투자할 때에도 이런 '전지현의 브랜딩 요소' 하나하나를 가지고 계획하고 예측하면서 접근하는 노력이 필요하다. 큰 틀에서 보면 기획이고, 작게 보면 투자에 대한 자신만의 노하우로 칭할 수도 있다. 조금은 더 날것의 느낌이 나는 빌딩이라고 할지라도 내가 분석하고 내가 투자하면 값이 오르고 가치가 더해지는 나만의 노하우를 가지게 된다면 그의 투자는 '운'이 아닌 '실력'이 되는 것이지 않은가.

지금 우리 부동산 시장에서는 '전지현 씨가 광고하는 비싼 치킨 회사'를 사야 한다고, 지금이 기회라고 말하는 경우가 너무나도 많다. 현 시점에서 너무나 가치가 명확하고 더 분석할 것도 없이 최고의 컨디션을 자랑하는 그런 부동산이다. 미래에도 "전지현 씨가 광고하고 있기 때문에 잘될 거예요"라는 분석이 따라온다. 미래의 시장은 지금과 분명 다를 수 있다. 비싼 값을 하는 비싼 부동산을 꼭 비싸게 사지 않아도 될 수 있다. 값을 만들어 나가는 일련의 과정을 알고 있다면 말이다. 그리고 이미 우리는 그 과정을 읽고 왔다. 빌딩 브랜딩은 디자인, 기획, 가치와 철학, 그리고 영향력 있는 매체에의 노출이라는 과정이 필요하다는 것, 또 이 과정에서 훌륭한 가치를 가진 브랜드가 입점하고 나의 빌딩에 많은 사람들이 찾아오면서 충분한 임대수익을 만들어 완성된다는 것을 말이다.

빌딩 브랜딩의 궁극적인 목표는 하나이다. 빌딩에 나의 큰 자본을 투입하는 일련의 과정과 선택이 '투기가 아닌 투자'가 되게 하는 것. 상대적으로 적은 자본을 투입하고도 큰 자본을 넣은 부동산만큼의 수익을 가져가는 방향을 읽어나가는 것. 미래를 생각하고 현금의 흐름을 이해하여 사람들이 모여드는 '명당'을 소유하는 것.

나는 사업을 하면서 이 방향을 추구하는 뜻이 맞는 고객들과 함께 머리를 맞대고 브랜딩 방향을 제시하며 현실로 만들어 나갈 때 진정으로 행복하고 즐거웠다. '수익'이라는 하나의 목표를 가지고 뜻이 맞는 진취적이고 긍정적인 사업가들이 모여 영업을 개시하고 빌딩의 이름이 알려져 가치를 더해가는 과정을 구축하였다. 이제 이에서 한 걸음 나아가 고급 빌라나 아파트의 브랜드처럼 시행사나 소유주의 아이덴티티를 가진 빌딩 브랜드를 만들어나가는 것을 추구한다. 빌딩 투자에 있어 잘 기획된 빌딩에 탄탄한 브랜드 네이밍을 더해지는 '빌딩 브랜딩' 트렌드가 시작되는 것을 부동산 사업의 목표로 삼고 있다.

ЛОЗОВА
Первомайський
Близнюки
Барвінкове
Краснопавлівка
Орілька
Закутнівка
Миронівка
Садове
Смирнівка
Семенівка
Катеринівка
Берека

Chapter.2

사람들은 '있어 보이고, 자극 받고, 스토리가' 있는 빌딩에 모인다

콘셉트가 명확한가?

1

'시너지'에 대한 고민을 해보았나요

월 스트리트, 실리콘밸리처럼 이름만 들어도 그곳이 어떤 곳이고, 어떤 기업들이 있을지 단번에 알아차릴 수 있는 지역들이 있다. 월 스트리트는 상인들이 물건을 팔기 위해 모였던 거리에 상인, 은행, 금융인들이 모여들며 자연스럽게 지금의 세계 경제의 중심지로 자리잡게 되었고, 실리콘밸리는 스탠퍼드대학을 중심으로 자리 잡은 인근 기술 공학의 연구소로부터 성장한 기술 기업들이 투자를 받으며 스케일업 하여 오늘날 세계 기술 중심지가 되었다. 이와같은 지역에서는 서로 시너지를 내어 일할 수 있는 같은 업종의 기업들이 있고, 직원들의 동선과 취향을 고려한 다양한 브랜드와도 상생할 수 있는 생태계가 마련된다.

미국과는 달리 국가주도로 기획하고 추진한다는 차이점은 있으나, 우리나라에서도 월 스트리트나 실리콘밸리와 비슷한 지역을 찾아볼 수 있다. 상호 보완성, 합산 효과를 노려 업무 효율을 최대화하고 지역 경제를 활성화시킨다는 점에서 그 맥을 같이하는 판교테크노밸리, 여의도 증권가, 삼성동 무역센터 등을 떠올려볼 수 있다.

과학기술단지인 판교테크노밸리는 삼성, LG와 같은 정보통신분야의 대기업, 카카오, 네이버와 같은 인터넷 기반의 기업과 각 기업을 위한 연구소, 그리고 이들을 지원하는 다양한 금융 및 증권 회사들이 몰려 있다. 밸리라는 콘셉트와 시너지라는 목적에 맞게 테크노밸리의 디자인은 각 건물들을 브릿지 형태로 이어주고 있다. 각 건물은 이름만 들어도 알 수 있는 유명한 대기업이 임차인 또는 투자자로서 입점하여 있지만, 그 기업만을 강조하여 노출되게 지어지지 않았다. 어느 통로에서도 기업들 간의 이동이 자유로울 수 있도록 지어져 있다는 것도 특징이다. 실리콘밸리와 그 네이밍까지 유사하게 가져가면서 어떤 콘셉트를 지향하는지, 어떤 기업들이 함께 투입될 수 있을지까지 쉽게 유추할 수 있다.

판교테크노밸리는 전형적으로 각 업체 간의 시너지 효과를 추구하여 만들어졌다. 업체들 간의 물리적 이동뿐만 아니라 각 업체의 인력들 간 상호 작용까지도 고려하여 섬세하게 설계되어 있다. 뿐만아니라 이들의 직주근접 환경을 위해 훌륭한 주거단지까지 마련되어 있다.

시너지의 사전적인 의미는 두 가지 이상의 요소가 함께 작용함으로써 발생하는 효과, 즉 개별적으로는 쉽게 얻기 힘든 혜택이나 성과를 '함께'했을 때는 얻을 수 있는 상태를 의미한다. 이러한 시너지 효과는 여러 개별 요소들이 서로에게 부족한 부분을 보완하여 더 큰 가치를 창출하는 '팀'으로서의 에너지 효과를 내기도 하고, 두 가지 이상의 요소가 합쳐지면서 예상했던 것보다 더 큰 좋은 결과를 도출하는 '협력'의 효과를 내기도 한다. 또한 중복되는 자원에 투자하는 것을 방지하여 비용을 절감하거나 생산성을 향상시켜 더 나은 성과를 달성할 수 있다.

특히 여러 개별요소가 함께 작용했을 때 서로 부족한 부분을 보완하는 상호보완 활동이 가능하다는 점, 두 가지 이상의 요소가 합쳐지면서 예상보다 더 큰 효과를 달성할 수 있는 합산 효과를 낼 수 있다는 점에서 부동산의 관점에서 '시너지'를 정확하게 간파하고 활용할 수 있는 능력은 상당히 중요하다.

부동산에서는 '시너지'의 개념을 지역 단위, 블럭 단위, 그리고 개별 건물 단위로 나누어 살펴볼 수 있다. 지역 단위로는 행정복합도시, 판교테크노밸리와 같은 규모를 생각해 볼 수 있고, 블럭 단위로는 압구정 성형외과, 대치동 학원가, 신림동 순대거리, 신당동 떡볶이 거리 정도의 규모를 생각해 볼 수 있다. 면적이나 규모에서 차이는 있을 수 있어도 상호보완성과 합산 효과라는 측면, 그리고 대중교통, 도로와 전기 등의 자원활용에 있어서도 최적화를 노린다는 점에서는 그 맥을 함께한다. 구역별, 블럭별 시너지 효과뿐만 아니라 각 건물에서도 이와같은 시너지 효과를 노려볼 수 있는 요소는 대단히 많다. 따라서 나는 빌딩에 투자할 때는 반드시 현 건물 상태에서 가치를 파악하는 것에서 그치지 않고 '시너지'를 낼 수 있는 요소가 있는지에 집중할 것을 강조하고 싶다.

빌딩 단위에서 시너지 효과를 가장 쉽게 떠올려 볼 수 있는 것은 '메디컬빌딩'이다. 건물 안에 병원이 들어오기 위해서는 법적으로 정해진 필요 주차대수, 휠체어의 이동이 가능한 엘리베이터와 진입로가 필요하다. 병원에서 발급한 처방전을 바로 구입하여 복용할 수 있게 편리한 위치에 약국이 필요하기도 하다. 하지만 비교적 처방약이 적은 방사선의학과나 한의원을 위해 약국이 들어오기도 쉽지 않거니와 병원을 유치하기 위해 용도를 변경하거나 건물 구조를 바꾸는 것도 쉽지 않다. 소비자 입장에서도 병원과 약국의 위치를 매번 바꾸어 방문하는 것보다는 기왕에 병원과 약국이 한 건물에 있다면 주차도 익숙하고 동선을 짜기도 쉽다. 건물의 외관이나 인테리어까지 통일감을 준다면 의원급 병원도 병원급으로 보일 수 있는 이점도 있다. 이러한 시너지 효과는 건물주의 입장에서는 일관된 업무시간으로 건물 관리가 용이해지고 주변 시세보다 수익률도 높게 가져갈 수 있게 한다. 한편으로 각 병원들이 최선의 시너지를 낼 수 있도록 건물 차원에서 메디컬 빌딩에 대한 홍보 및 브랜딩에 신경을 써준다면 해당 빌딩으로 유입되는 손님들은 더욱 늘어날 것이다. 건물주가 나서서 병원이 잘되라고 도와주는 건물인데, 어느 임차인이 이를 마다하겠는가. 이처럼 콘셉트가 잘 잡혀 있고 업종 간 시너지 효과를 잘 내는 건물은 공실에 대한 염려를 십분 덜어내고 운영할 수 있다. 물론 메디컬 빌딩의 시너지에 있어서도 소비자의 변화에 맞춰 새로운 시각이 필요하고 많은 고민과 기획이 필요한 시점이다. 5장에서 메디컬 빌딩 기획에 대해서 더 자세히 다루고자 한다.

국가 차원, 기업 차원에서도 시너지를 통해 최선의 업무 환경, 최상의 효율성을 만들어내고자 노력한다. 나는 그 노력이 빌딩 투자에 있어서도 반드시 필요하다고 다시 한번 강조한다. 내 빌딩에 들어올 임차인들 간의 시너지를 낼 수 있는 생태계를 만드는 기획, 빌딩 투자에서 반드시 가지고 가야 할 요소이다.

콘셉트의 중요성

수도권 8차선 도로 전면에는 언제나처럼 아주 거대한 '상가'들이 큰 장벽처럼 한 블럭을 감싸고 여러 업종의 상가들이 질서 없이 들어와 있다. 임대인의 월세 수익을 위해 필요에 의해 채워진 상가들이기에 업종 간의 시너지를 고려하거나 특별히 주목할 만한 미적 요소가 있지도 않다. 주민들의 필요에 의해 알려진 몇 곳을 제외하고는 새로 생기더라도 주목받기 힘들고, 없어지더라도 알아차리기 힘들다. 콘셉트가 없는 건물들의 특징이다.

각 호실당 소유주가 다른 구분상가의 큰 맹점은 바로 업종 간 콘셉트를 통일시키기 어렵다는 점이다. 이런 건물은 주변 호재가 시들해지거나 상권에 변동이 생길 때 매우 취약하게 무너지는 양상을 보인다. 주변에 상가 공급이 늘어나거나 인근으로 새로운 번화가가 나타나면 여지없이 발길이 끊어진다. 다시 돌아갈 이유를 찾기 힘들어지는 것이다.

비단 구분상가만의 문제는 아니다. 개별 빌딩도 콘셉트가 명확하지 않은 건물들은 수없이 많다. 보험 업종과 코인노래방이 한 층에 나란히 입점한 콘셉트를 무엇으로 설명할 수 있을까.

코로나19 2년차에 이런 빌딩의 임차인들은 계약기간을 다 채우지 못한 채 공실이 되었고, 경영난으로 매물로 나온 빌딩이 수없이 많았다. 처음부터 콘셉트가 있었다면 어땠을까. 작은 꼬마빌딩이더라도 '콘셉트'로 각인시킨 빌딩은 결과가 다를 수 있었다.

빌딩의 콘셉트는 빌딩의 위치와 배후 상권, 빌딩을 찾아오는 사람들의 취향을 고려하여 섬세하게 기획할수록 성공 확률이 높다. 무엇보다도 콘셉트라는 모호한 개념은 빌딩 안의 임차 구성을 통해서 명확해지기 때문에 임차업종을 잘 기획하고 사전에 많은 레퍼런스를 확보하는 것이 중요하다. 이를 위해서는 빌딩을 매입하기 전, 해당 지역의 상권을 분석하고 가장 필요하고 어울릴 만한 업종을 미리 파악하는 일이 선행되어야 한다. 분석을 토대로 건물의 업종 및 분위기를 정한다. 이 분석 결과가 우리가 원하는 빌딩의 '콘셉트'가 된다. 이 경우 필요에 따라서는 콘셉트에 맞게 리모델링이 필요할 수도 있고, 콘셉트에 맞지 않는 기존 임차인과의 재계약 갱신을 하지 않게 될 수도 있다.

콘셉트가 확실한 건물은 내가 임차인을 찾아 나서지 않아도 그 콘셉트를 원하는 임차인들이 스스로 찾아오게 된다는 큰 장점이 있다. 처음부터 콘셉트를 잘 잡고 시작해서 결과가 조금 달랐던 건물의 예가 있다. 삼성동의 근생건물이다. 이 건물은 사실 필요 이상으로 꽤 넓은 앞마당을 가지고 있었기 때문에 신축부지로 개발을 한다면 상당히 괜찮은 수익이 날 것 같았으나 리모델링을 통해 해당 지역에서 흔한 신축 근생 건물보다는 조금 특별한 건물로 보일 수 있을 것이라는 제안을 건물주가 받아들여 리모델링 공사로 진행되었다. 이 건물의 콘셉트는 '서울 강남 한복판에서 자연을 느낄 수 있는 호화 상업 공간을 만들어 내는 것'.

리모델링 콘셉트부터 확고하게 브랜딩 되어 시작되었던 이 건물은 지금은 꽤나 유명한 레스토랑이자 갤러리가 입점했으며, 지하 공간은 명품 브랜드에서 쇼룸 또는 전시를 열고 유명인사를 초청하는 공간으로 대관되고 있다. 특히 지하 공간은 매달 월세를 받는 것보다 프로젝트성으로 대관료를 받는 것을 택하면서 지하의 유지보수가 매우 용이해졌다. 뿐만 아니라 이곳에 초청받는 고객들, 연예인, 인플루언서들은 아름다운 앞마당을 배경으로 매일 새로운 사진을 올려주고 있다. 유명브랜드, 유명작가들의 전시회를 유치하는 주최측에서 발 벗고 홍보해 주는 덕분에 이 건물은 너무나도 자연스럽게 유명해졌다. 팬데믹 기간 동안 거리두기 제한으로 많은 요식 업종이 타격을 입었지만, 당시 답답한 일상에서 벗어나 서울 강남 한복판에서 푸른 잔디를 볼 수 있다는 장점을 내세워 전면 유리와 테라스를 개방감 있게 오픈한 이 레스토랑에는 팬데믹 기간에도 많은 사람들이 찾아왔다. 처음부터 '문화'의 공간으로 콘셉트를 잡고 시작한 덕분에 비슷한 입지, 비슷한 조건의 다른 근생 건물들과는 확실히 다른 결과를 보여주었다. 나의 빌딩을 사랑하고 오고 싶어 하고 이 곳에서 사진찍어 공유하고 싶은 사람들이 많은 건물, 이곳에서 쇼를 진행하고 싶은 구찌, 쇼메, 티파니 브랜드. 초청받고 싶은 연예인과 인플루언서. 생각만 해도 들뜨는 일이 아닐 수 없다. 매일 똑같은 일이 일어나는 건물보다 더 흥미진진하고 아름다운 이벤트가 일어나고 있지 않은가. 이 건물에서 일어나는 일은 우연히 일어난 행운이 아닌, 기획되고 브랜딩 된 결과임을 기억해야 한다.

엔터테인먼트 요소가 있는가?

2

워터파크, 미디어아트와 만나다

사람들이 원하는 것은 시대의 흐름에 따라 계속 변화한다. 20년 전 초대형 찜질방이 유행처럼 생겨날 때는 센세이션 그 자체였다. 데이트하는 연인들, 가족, 친구들과 편안한 복장에 누워서 영화도 보고 책도 보고 수다도 떨고 마사지도 받다가, 개운하게 집에 돌아갈 수 있는 올인원 코스 아닌가. 하지만 시간이 조금씩 흐르며 시설은 점점 낙후되어 갔고, 24시간 운영하는 체계 때문에 시설 유지와 보수도 쉽지 않아졌다. 찜질방 체험이 더이상 새로울 것이 없어지고 새로운 유행과 문화가 생겨나면서 찜질방이라는 낙후된 시설을 찾는 사람들이 점점 줄어들었다. 한참 동안 대중의 사랑을 받던 '찜질방데이트'는 점점 잊혀 갔고, 코로나 직격탄을 맞으면서 이제는 워터파크나 가족 단위 시설이 딸린 큰 쇼핑몰까지 가야 겨우 찾을 수 있는 추억의 장소가 되었다.

그런데 그후 남은 것들이 있다. 수백 평에 달하는 빈 공간을 채울 다음 임차인이다.

이런 시설이 어디 한두 곳이겠는가. 찜질방, 대형 창고, 폐공장, 시즌에만 유행하는 워터파크나 스키장, 아이스링크, 놀이공원. 큰 규모를 자랑하지만 시설은 빠르게 노후되고 유지비용은 감당하기 힘들다는 공통된 특징을 가진 곳이다. 건물주 입장에서도 그렇지만 매각 주관사, 매수자 입장에서도 대형 시설물의 공실화 문제를 풀어나가기는 힘들었다. 사람들이 찾아 올 수 있는 새로운 변화가 무엇일까. 무던히도 많은 사업가들이 고민했을 문제이다. 그리고 그 해답은 역시 브랜딩이며 '콘텐츠' 그 자체가 얼마나 중요한 문제 해결 포인트인지를 확인시켜 주는 사례가 있다.

제주도 월드컵 경기장에는 도민들과 관광객들의 사랑을 받는 워터월드가 있었다. 워터월드가 처음 개장했을 때에 설레는 마음으로 이제껏 없던 신나는 시설에서 물놀이를 즐기며 행복한 추억을 만들었을 수많은 가족들이 있었을 것이다. 바닷길을 지나, 너무도 아름다운 오름 길을 지나, 웅장한 제주워터월드로 오는 길이 기억 속에 남은 수많은 아이들이 있을 것이다. 시간이 지나 그 아이들이 청년이 되고 그때의 그 워터월드를 잊어갈 때, '다시, 워터월드'라는 브랜딩으로 우리는 제주워터월드를 다시 만났다. '스탠다드 리퍼블릭'이라는 브랜드의 로고와 네임을 만들어 준 정훈개발 브랜딩 팀의 아이디어이다. 제주워터월드의 케이스는 시대가 변화함에 따라서 '콘텐츠+부동산'을 대하는 아이디어가 얼마나 중요한지 알게 해준다.

아르떼 뮤지엄, 인천 파라다이스호텔, 더현대를 비롯한 백화점들의 미디어아트 팝업, 최근 개장한 인스파이어 호텔까지. 국내외 다양한 크고 작은 공간 속에 '미디어아트' 기술을 접목하여 훌륭한 전시를 체험할 수 있게 하고 있다. 강력한 시각적 자극과 체험이 더해져서 관객 및 방문객들에게 잊을 수 없는 기억을 심어주기 때문에 미디어아트의 광고 효과는 실로 엄청나다.

정훈개발의 브랜딩 팀에서 주목한 콘셉트는 워터월드만의 '물'이라는 주제와, 공간에 대한 재해석. 워터월드의 규모는 미디어아트 퍼포먼스를 보여주기에 너무나도 신비롭고 아름다운 공간이었다. 공간에 대한 자유로운 해석은 젊은 감각을 가진 부동산 전문가들의 상상력과 실행력을 만나 하나의 작품을 공연하고 체험하는 일련의 엔터테인트먼트 시설로 '다시' 태어났다. 뿐만 아니라 미디어아트 회사인 '닷.밀(.mill)' 입장에서도 '물'이라는 주제를 가지고 자유롭게 콘텐츠를 펼쳐낼 수 있는 공간을 만남으로서 전무후무한 작품을 선사하여 이름을 알릴 기회를 얻게 되었다. 워터월드의 철거 공사가 시작되고 미디어아트 전시관으로 탈바꿈하면서 제주 월드컵 경기장 일대의 분위기도 그야말로 '다시' 살아나는 경험을 하고 있다.

'다시'라는 단어는 우리에게 많은 생각을 떠오르게 한다. 제주 워터월드를 다시 방문하는 그 시절의 금쪽이, 그 시절 우리들은 이제 새로운 가족을 안고 찾아오게 될 것이다. 그리고 그들은 그 체험을 또 미디어화시켜 줄 것이다. 젊은 사업가들은 이 곳에서 꿈을 키워나갈 것이고 훌륭한 미디어아트 콘텐츠를 경험할 관객들에게도 아름다운 추억이 될 것이다. 우리는 이번 프로젝트를 통해 큰 시설물에 대한 해답을 찾아냈다. 빌딩 로비의 전시공간, 지하의 스튜디오 공간, 옥외 광고물에 대해서도 엔터테인트먼트 요소를 늘 고민하고 자유롭게 상상하게 된다. 이제 국내 옥외 광고에서도 미디어 아트 콘텐츠를 만날 수 있게 되었고, 이태원 한복판에서도 브랜드나 건축물을 홍보하기 위해 3D 홀로그램 기술을 접목시켜 공중에 떠있는 영상물을 만날 수 있게 되었다. 자연스럽게 지나는 발길을 머무르게 하는 공간을 넘어, 시간을 들여 하루를 특별하게 만들기 위해 찾아오는 공간을 만드는 공간 기획의 힘. 공간에 대한 유연한 감각을 키워나간다면 훌륭한 콘텐츠를 생산해 낼 수 있을 것이다. 체험과 눈요깃거리가 생겨나면 자연스럽게 그 감각적 기억을 공유하고자 하는 이들이 찾아올 것이고, 자연스럽게 공간에 대한 브랜딩 요소와 스토리가 생겨나게 될 것이다.

탁월한 디자인(인테리어)이 있는가?

3

카페 '마지'. 아름다운 공간을 헤매면서 알게되는 '나를 맞이 하는 순간'

바다와 맞닿은 아름다운 해안가, 이곳을 찾는 방문객들은 바다와 낙조를 즐기고, 즐비한 횟집에 앉아 술잔을 기울이는 사람들이었다. 특별한 추억을 쌓고자 해안가에 놀러왔지만, 전국 어느 해안을 가도 비슷한 장면들만 보게 되는 한국의 서해안.

수도권과 가깝기 때문에 바다가 보고 싶다면 큰 고민 없이 갈 수 있는 서해안이지만, 아쉽게도 동해안이나 남해안에 비해 즐길 수 있는 콘텐츠는 한정적이기도 했다. 낙조의 차가 크고 바다를 즐길 시간이 짧기 때문도 있을 것이다.

이런 곳에 사업부지를 가지고 있다면 어떤 콘셉트로 사업을 시작할 것인가에 대해 부동산 사업가의 마인드가 과거와 매우 다르다. 관광지의 사업지는 숙소, 식당, 테마파크 등에 국한되었던 과거와는 달리 '브랜딩'을 통해 문화의 공간으로 찾아오는 '길'을 만드는 것. 이미 만들어진 길 끝에 오고 가는 사람들이 다녀갈 만한 곳을 만들겠다는 기존의 부동산 사업과는 그 방향이 반대로 향해 있다. 오고 가는 사람이 없는 어느 외길 끝에, 이끌리듯 찾아오는 장소를 만드는 것. '찾아올 수밖에 없는 공간'이 새로운 사업 기준이 되고 있다.

젊은 사업가가 SNS를 통해 서해안의 아름다운 사업부지에 대한 철학과 고민을 소통하고 나누면서 공간 브랜딩은 시작된다. SNS를 통해 공유된 사진과 생각들로, 대중들에게 이 장소에 대한 궁금증이 생겨날 때쯤 너무나도 아름다운 콘셉트 디자인이 SNS에 올라온다. 공사 현장 사진, 매일 업데이트 되는 공간에 대한 스토리가 불특정 다수의 마음을 훔쳐내고, 이렇게 스토리텔링이 된 공간에 고객들은 '스토리의 주인공'이 되고자 '찾아' 온다.

그리고 사진과 영상, 체험과 추억을 남기고 공유한다. 이 아름다운 공간은 많은 사람들에게 소개되고 광고가 된다. 이곳에서 팔고 있는 아이템과 커피는 이곳을 찾았던 이들이 추억을 남기고자 적극적으로 소비하게 되고, 카페에서만 만날 수 있던 커피는 F&B 사업을 통해 편의점에서도 만날 수 있게 된다. 그 공간을 그리워하는 사람들은 편의점에서 카페의 커피를 찾으며 공간을 추억한다. 부동산 사업이 광고 사업이 되고, F&B 사업이 되는 과정이다. 찾아갈 만한 공간 속에서 생겨나는 다양한 이야기들, 그 모든 것들이 사업의 기회가 된다.

이 모든 이야기 속에서 전제되어야 할 것은 디자인이다. 디자인의 중요성은 스무 번을 반복해도 지나치지 않다. 공간 연출이 반드시 비싸고 고급스러워야 한다는 말이 아니다. 일상에서 만날 수 없는 디자인을 시도해야 한다. 디자인 속에서 헤매고, 감탄해야 한다. 기획 의도대로 공감하고 느낄 수 있도록 시공되어야 한다. 그리고 이 모든 동선들이 하나로 어우러져야 한다. 고객이 느끼는 향기, 음식의 맛, 손에 집는 식기와 냅킨에서도 그곳에 찾아온 이유를 알 수 있어야 한다. 문 손잡이에서도 공간에 대한 브랜드와 디자인을 잃지 않아야 한다. '찾아 갈 만한' 디자인이 쉽게 나올 리 없다. 정말 특별한 하루를 만들어 줄 디자인이 되어야 그 하루를 기록하고 공유하게 된다. 깊은 고민과 철학이 필요하다. 그리고 그 철학을 온전히 담아낼 수 있도록 '기획'이 되어야 한다.

그 다음으로 중요한 것은 '소통'이다. 이 아름다운 건축물과 이 힘찬 사업의 스토리를 체험하기 위해 찾아올 고객과의 소통이다. 고객은 아름다움 속에서 헤매고 사색할 수 있도록 기획한 한 발짝 한 걸음을 느낄 수 있어야 한다. 자연과 소통하도록 만들어 놓은 공간에서는 바람을 만지고, 건물과 숨 쉴 수 있게 만들어 놓은 공간에서는 건물에 압도되어야 할 것이다. 누군가의 사업체를 그저 구경만 하다 온 것 이상이 되어야 한다. 디자인은 그런 것이다. 예쁘고, 세련된 것 이상이 있어야 한다. 디자인과 소통은 시작 단계에서 기획되어야 하고, 그렇게 하나의 건물이 브랜드가 되는 과정에 고객이 다가온다. 공간 속에 동화되길 원하는 다수와 함께 공간은 채워지게 될 것이다. 부동산 사업은 디자인을 만나면 인문학이 되고, 철학이 되고, 소통이 된다.

SNS 전략이 있는가?

4

EDM이 틀어진 몬드리안 호텔

호텔에 들어가면 떠오르는 이미지나 생각들이 있다. 비즈니스, 연회, 여행, 휴식. 낯선 곳에서도 효율적으로 업무를 수행해야 한다면 편안하고 조용하며 교통이 편리한 곳에 위치한 비즈니스 호텔을 선택할 것이고, 관광과 체험이 목적이라면 여행의 콘셉트에 맞는 호텔을 선택할 것이다. 외부에서 체험 활동이나 자연을 즐길 수 있는 관광지에 위치한 호텔이라면 얼마나 많은 경관을 볼 수 있는지, 얼마나 아름다운 체험을 제공하는지를 홍보하여 이용객들을 만날 것이다. 이렇듯 호텔이라는 공간은 이용객의 니즈를 파악하고 정확하게 타깃팅하여 최적화된 공간을 만들어내고 이용객들이 그 시간과 공간을 충분히 즐길 수 있도록 배려한다.

20여년 전, 2000년대 초반 뉴욕 맨해튼의 호텔들을 투어하러 다녀 본 적이 있다. 대학시절부터 나는 건축과 인테리어에 관심이 많았다. 교양 과목으로 들었던 건축학개론 강의에서 호텔 로비를 다녀보는 것만으로도 인테리어에 대한 엄청난 감각을 얻을 수 있다는 말에, 배낭여행이나 여행 일정마다 호텔을 다녀보는 일에 꽤 많은 시간을 할애했다. 그 시절 나는 부동산에 대한 감각을 익혀가면서 어떤 공간에 사람들이 모이는지 너무나도 궁금했던 시기였다.

타임스퀘어에 있는 W호텔에 갔을 때 나는 많은 기대를 했었다. 광장동의 W호텔 분위기가 매우 새롭게 느껴졌던 2000년대 초였기 때문이다. W호텔체인에서 추구하는 미니멀한 콘셉트와 분위기가 당시 방문했던 호텔 중에서는 가장 이국적이고 젊은 모습이었다. 체크인 시간, 클래식 대신 가슴을 울리는 EDM이 흘러나오고 있었다. 정장을 한 직원들 대신 세련되고 이지적인 탑을 입은 직원들을 만났다. 건물 일부를 호텔로 쓰고 있었던 타임스퀘어의 W호텔은 엘리베이터가 점점 고층부로 올라갈수록 낮은 비트의 음악으로 휩싸였다. 호텔에서 클럽 음악이라니, 그 낯선 경험을 기록하고 공유하고 싶었다. 그리고 그 기억을 내가 공개할 수 있는 온라인 공간에 기록하고 공개하였다. 그렇게 공개된 나의 일상 블로그에 수많은 댓글이 달렸다. 검색을 통해 내 글을 본 사람들은 타임스퀘어 W호텔에 대해 더 많은 느낌들을 알게 되었다고 답했다. 그들이 호텔을 예약할 때 나의 글이 예약 여부를 결정하기 위한 중요한 정보가 되었다는 글을 받기도 했다.

2010년대 초반에는 LINE 호텔을 선택했다. 페이스북 세대로 넘어오면서, 특별한 공간에 방문하는 사람들의 체크인 기록 행위는 하나의 소셜 밈처럼 퍼져나가던 시기였다. LINE 호텔에 방문했던 사람들도 풀 사이드 레스토랑에서 볼 수 있는 멋진 플랜테리어, 도시 한가운데에서 즐기는 수영장, 자전거를 빌려주는 직원들의 엣지까지 동영상과 사진으로 기록하여 페이스북에 남겨 놓았다. 평범하지 않은 호텔이었다. 나는 페이스북 세대가 올려놓은 포스팅에 이끌려 4주간의 여행 동안 그곳에 머물렀다. 라인호텔은 정말 정확하게 페이스북 세대를 호텔로 모으기 위한 수많은 콘텐츠를 가져다 놓았다.

시간이 흘러 이제는 SNS 전략을 떠나서는 공간과 시간을 즐길 수 없는 정도에 이르렀다. 레스토랑, 약국에서까지도 "내가 이곳에 왔다간다!"라는 자취를 사진으로 남길 수 있는 '포토존'을 고심하여 만들어 둔다. 인테리어를 할 때에도 조명과 배경을 더욱 신경써서 사진이 잘 나오고, 영상이 좀더 잘 찍힐 수 있는 것에 포인트를 둔다. 호텔이라는 공간도 잠을 자고 가거나 식사를 하러 오는 공간에서 벗어난 지는 너무 오래되지 않았는가. 활용할 수 있는 모든 공간을 SNS 전략으로 활용하는 것이 지금 우리가 만나는 호텔이다.

호텔 앞, 차에서 내리는 순간부터 심장을 울리는 음악이 먼저 반겨주고, 핸드폰을 꺼내 들으라고 말하는 듯 로비의 문을 열자마자 높은 층고의 미디어아트와 거울로 도배된 천장이 눈 앞에 나타난다. 이태원에 리모델링으로 재개장한 몬드리안 호텔이다.

서울에는 참 많은 특색 있는 공간이 있다. 그 중에서도 용산, 이태원은 외국인에게도 내국인에게도 특색 있는 공간이다. 동빙고동에 위치한 몬드리안 호텔은 이태원의 힙하고 젊은 감성과 대사관로의 조용하고 의젓한 감성을 재치 있게 담아놓은 공간이며, 포토존 이상의 SNS 포인트를 만들어 낸 호텔이다. 계절마다 꽃의 종류를 바꿔놓고 분위기만 살짝 달리한 공간을 제공해주면서 이곳에서 사진을 찍어보라고 말하는 지금까지의 호텔보다는 좀 더 차별화된 전략을 가진 공간이다. 몬드리안 호텔은 리모델링으로 재탄생한 호텔인 만큼 기존 건축물 구조가 신축 호텔보다는 좀 더 복잡하게 얽혀 있다. 요즘 건물 같지 않게 다소 좁고 답답한 천장을 가지고 있다. 구축 건축물의 흔적이다. 몬드리안 호텔에서는 천장을 거울로, 바닥의 계단에 대형 예술 오브제를 배치하며 기존 구조에 대한 문제도 해결하고 발길이 닿는 곳마다 사진 찍을 만한 공간들로 채워놓음으로써 구축빌딩의 한계를 극복하였다. EDM이 흘러나오는 호텔 로비, 홀로그램 유리거울, 나도 모르게 사진을 찍게 만드는 다양한 오브제. SNS의 최대 소비자이자 수혜자인 젊은 세대가 핸드폰을 꺼내들 만한 요소들이다. "SNS에 올려! 여기가 핫하고 힙한 곳이야!"라는 메시지를 눈과 귀와 향기로 전해준다. 전 세계 인스타그램, 유튜브 세대에게는 SNS 공간은 또 다른 차원의 호텔 예약 플랫폼이 된다. 몬드리안은 처음부터 SNS '전략'을 가지고 '기획'을 통해 '디자인'으로 공간을 풀어냈다.

백화점에서는 왜 크리스마스 때마다 화려한 행사를 할까?

지난 겨울, 핀란드를 그대로 옮겨 온 듯 한 크고 웅장한 참나무숲과 멋진 대형 크리스마스 트리를 보기 위해 '더현대'를 찾았다. 신세계 백화점 본점은 명동 한복판에 지나가는 사람들의 발길을 사로잡는 멋진 크리스마스 미디어 파사드 전시를 기획하기로 유명하다. 롯데백화점 잠실점에서는 크리스마스 마켓을 열었다. 롯데타워 광장은 유럽 한복판의 크리스마스 마켓을 재현하여 크리스마스 시즌에 유럽 여행을 온 것 같은 느낌을 받았다. 연말에 현대백화점 무역센터점 맞은편을 지날 때, 강남역부터 이어진 삭막한 테헤란로가 삼성 즈음에 와서야 마침내 너무나 따뜻하게 느껴졌다. 그저 그런 도심의 거리인데, 백화점의 크리스마스는 언제나 몽글몽글하다. 매일 걷는 이 거리를 나의 가족, 연인과 오고 싶다고 느끼게 한다. 그 순간이 비현실적이고 좋았다고 기억하게 된다. 백화점은 그 감성에 조용히 백화점의 브랜드를 묻어가게 만든다. 크리스마스를 떠올리면 그 백화점이 생각나고, 그 백화점 앞에서 가족들과 사진을 찍고 웃고 행복했던 기억을 만들어준다. 비현실적인 아름다움과 따뜻함을 체험하게 한다. 그리고 이렇게 아름다운 추억과 기억들은 자연스럽게 소비에 대한 관대함으로 이어진다.

백화점으로 비유했지만, 임차인 입장에서, 건물주가 크리스마스 때마다 화려한 알전구를 건물 외벽에 아름답게 설치하여 다른 어떤 건물들보다도 아름다운 장면을 연출해 주면서, 날이 좋은 때는 팝업스토어도 진행하고 갤러리도 열어주며 사람을 모이게 한다면 어떨까. 사람이 계속 모이는 건물은 주변 건물들과 주변 상가들도 북적이게 하고, 그렇게 형성된 트래픽은 인근 상권도 활성화시킨다. 결국 인근 일대의 지가는 상승할 수밖에 없다. 그렇게 나의 건물의 가격도 함께 상승하는 효과를 얻게 된다. 효과는 여기서 끝나지 않는다. SNS를 통한 광고 효과는 실로 엄청나다. 이벤트를 위해 투입한 시설 비용을 훨씬 상회하는 만큼의 광고 효과를 얻을 수 있다. SNS 파급력으로 브랜드를 대중에 어필하는 일은 TV에서 유명 연예인과 함께 찍은 광고를 송출하는 것만큼, 아니 그 이상의 효과가 있다. 큰 기업에 광고비를 받고 이 브랜드가 너무 좋다고 말하는 아름다운 여자 연예인의 이미지보다, 나의 이웃이 그 브랜드의 매장 앞에서 환하게 웃고 있는 사진이 더 마음을 움직이는 시대이다. 더현대 서울, 신세계 백화점 모두 큰 그림으로 보면 건물주의 역할이다. 나의 임차인들이 더 돈을 잘 벌었으면 좋겠고, 그로 인해 건물의 가치도 상승하고 건물의 브랜드도 유명해지길 원하는 하나의 빌딩 브랜딩 과정이다. 다만 백화점은 이벤트와 'SNS'를 적극적으로 활용하고 있지만 이 시대의 건물주는 아직 그렇지 않을 뿐이다.

빌딩 브랜딩과 SNS는 서로 긴밀하게 연결되어 있다. SNS를 통한 빌딩 브랜딩이 곧 트래픽이 되고, 트래픽이 또 다시 SNS 파급력을 몰고 온다. 전략적인 이벤트와 이를 알릴 SNS 장치는 반드시 필요한 시점이다.

스토리가 있는가?

5

서장훈빌딩만 스토리를 가지고 있는 것은 아닙니다

모든 건물은 건물이 지어지고 고객들이 들어오고 나가고, 주인을 찾아가는 과정에서 각기 다른 환경을 겪는다. 겉으로는 비슷비슷해 보이는 건물들일지라도 그 속의 스토리를 들여다 보면 하나하나가 에피소드가 되고 콘텐츠가 되고 브랜딩이 될 만한 이야기들이 존재한다. 빌딩 브랜딩의 개념이나 방법에 생소함을 느낀다면 나는 우리가 이미 알고 있는 빌딩들을 어떻게 어떤 이유로 알게 되었는지를 떠올려보자. 인지되고 친밀감을 느꼈을 경우, 그 많은 건물들 중에서 당신의 기억속에 특정 빌딩이 어떻게 저장되는지를 기억해보자.

빌딩에 관심이 있는 사람이라면 '서장훈빌딩'에 대해서 들어봤을 것이다. 운동선수로 다져온 성실함과 꾸준함, 근면한 이미지는 그의 부동산 투자에서도 두각을 나타내며 세간의 주목을 받았다. 그가 투자한 부동산이 얼마에 어떻게 매수하게 되었고 시간이 지난 지금 시세는 어떤지, 어떤 포인트에서 시세차익이 나는지, 그와 임차인과의 관계는 어떤지, 임차인은 어떤 분들이 사업을 하고 있는지도 많은 매체와 미디어에서 볼 수 있었다. 서장훈빌딩이 나의 생활 반경에 있다는 것을 알게 된 후 나는 지나갈 때마다 그 빌딩을 한 번 더 바라보곤 했다. 그러던 어느날, 나는 그의 빌딩에 임차해 있는 정형외과에 가서 진료를 받았다. 그 병원을 선택한 이유는 그다지 복잡하지 않았다. 병원들을 비교할 다른 정보가 없는 상태에서, 평소 기억하고 있던 병원, 기억하고 있던 건물이 떠올랐고, 그곳으로 가는 길을 정확하게 알고 있었기 때문이다. 이런 결정을 해온 사람이 나뿐일까. 서장훈빌딩의 다른 좋은 이미지도 큰 몫을 하겠지만, 임대인이 유명인이라는 점은 임차인에게 위치 홍보의 30% 이상을 건물주가 해주고 있다는 것을 의미한다.

스토리를 알고 건물을 바라보는 것과 일면식도 없는 건물을 바라보는 것은 많은 차이가 있다. 나는 직업적 특성상 하루에도 수십 개의 땅과 건물을 만나게 된다. 주소, 가격, 수익률로만 알게 되는 부동산 정보는 특이점이 없으면 나의 머리에 크게 남지 않았다. 하지만 건물주에 대해서 조금 더 알게 되고 어떤 사정으로 매각을 결정하셨는지, 조금 더 개인적인 소통을 하며 비교적 상세한 정보를 얻게 되면 난 그 건물을 절대 잊지 않는다. 내적 친밀감이 형성되었기 때문일까.

부동산 사업을 하고자 한다면 내가 사고자 하는 빌딩이나 팔고자 하는 빌딩에 대한 스토리가 필요하다고 생각한다. 우리의 인생이 다 다른 것처럼 빌딩도 모두 스토리가 있다. 서장훈빌딩만 스토리를 가지고 있는 것은 아니지 않은가. 내가 평소에 잘 가던 카페나, 옛 직장이 있던 거리의 건물이 매물로 나오게 되면 처음 받아보는 다른 매물보다는 좀 더 많이 알고 있다고 생각하게 된다. 브랜드를 만들거나 상품을 기획하는 사람들은 자신의 상품과 브랜드가 사람들에게 기억되기 위해 정말 많은 노력을 한다. 주거용 부동산을 기획할 때도 SNS나 TV 광고 등 다양한 방법으로 구매자에게 노출되기 위한 노력을 한다. 하지만 상업용 빌딩이나 상업용 공간을 위해 SNS에서 건물주가 자신의 건물을 홍보하고 브랜딩하는 일이 지금은 흔한 경우가 아니다. 그러나 조금씩 그런 시대가 오고 있다. 임차인으로서 사업을 할 때 고민하는 것부터 생각해보자. 자신의 브랜드가 어느 공간에서 시작하는지, 어떻게 상품을 노출시킬지, 브랜드가 나오게 된 스토리를 어떻게 만들 것인지를 고민하는 것처럼 나의 부동산에 대한 스토리를 풀어낼 기회는 생각보다 많이 있다. 나의 사업, 나 자신의 퍼스널 브랜딩 만큼이나, 부동산 자산에 대한 브랜딩과 스토리텔링의 기회도 놓치지 말아야 한다.

스토리텔링으로 완성되는 부동산 브랜딩

브랜딩을 통해 잘 기획된 부동산은 숫자로 담아내는 수익률보다 훨씬 더 많은 가치를 가지고 있다. 아이유가 매입한 부동산이라는 키워드로 상당히 이슈가 된 청담동의 팬트하우스 '에테르노'. 탑엔드 아파트로서 역대의 분양가를 기록했고, 사실 대부분의 호실은 이미 판매가 완료되어 더이상 광고를 하지 않아도 수익성에 큰 영향을 미치지 않을 것 같았다. 그렇지만 시행사 측에서는 에테르노 청담에 대한 홍보를 그치지 않았다. 에테르노의 다음 작품을 계획하고 있는 것처럼 말이다. 에테르노의 시행사는 어떤 가치를 가지고 어떤 고객을 만나 어떤 건축을 하는지, 그 철학과 가치를 표현하는 기사와 타깃팅 광고를 지속적으로 송출하는 것 같았다. 하이엔드 주택시장은 브랜드 그 자체가 부동산 가치가 되어야 한다. 이름만 들어도 어느 정도의 분양가였는지, 입주민들의 부의 수준을 그려낼 수 있을 정도가 되어야 한다. 부동산을 바라보는 가치가 다양해지고 홍보 수단이 다양해지는 현상을 앞으로 우리가 부동산 시장을 바라보는 관점에 온전히 투영해야 한다고 생각한다. 부동산은 더이상 숫자로 표현되는 브랜드가 아닌, 기대와 상상, 욕망을 자극하는 브랜드가 되어야 한다. 지금까지 이러한 기대는 '주거용 브랜드'에 국한되어 홍보와 광고가 있어 왔다. 상업용 빌딩에 있어서는 입지, 용도, 수익률이라는 몇 가지 지표에만 연연하며 이렇다 할 브랜드나 로고, 네이밍에 대한 고민이 큰 의미가 없었다.

그런데 최근 엔터테인먼트 회사의 사옥을 바라보면 상업용 건물에도 꾸준한 홍보와 스토리텔링, 그리고 브랜딩이 매우 중요한 수익 수단이 될 수 있다는 것을 알 수 있다. 엔터테인먼트 회사는 그 자체로 유명세를 가지고 있다. 끊임없는 관심과 이슈로 대중에게 사옥의 내부 시설과 철학, 디자인, 입점 브랜드, 위치까지 노출된다. 처음 어느 상가의 지하에서 시작한 연습실이 이렇게 뷰가 좋은 연습실이 되기까지의 과정도 대중들에게 차근차근 스토리텔링된다. 그 덕분에 인근 상가와 거리의 분위기도 확연히 달라진다. 트래픽의 여부와 상관없이 거리 자체가 방송이나 SNS에 홍보되다 보니 평소 그 지역을 잘 모르던 사람들도 관심을 가지고 보다 보면 알아보는 거리가 될 때도 있다. 이러한 인지도로 인해 대부분의 엔터테인먼트 회사 사옥은 시세보다 훨씬 더 좋은 가격에 매도되고 있는 것은 업계에서도 잘 알려져 있다. 상업용 부동산의 브랜딩, 기획자의 스토리텔링, 디자인한 건축가가 누구인지, 어떤 가치를 담아냈는지, 건물주의 부동산에 대한 생각과 철학은 어떠한지는 상업용 부동산을 광고할 때 중요한 수단이 될 것이다.

사람을 모으는 사업주는
건물주가 되어야 한다

6

사실 알고 보면 모두 '부동산 회사'

고등학교 시절부터 내가 참 좋아하는 외국 작가의 책을 국내에 독점 출판하는 출판사가 있다. 나의 취향에 맞는 소설이 많아서인지, 그 출판사를 떠올릴 때면 내 머릿속에는 '경영', '자본' 이런 단어보다는 '예술', '문학'이라는 단어쪽으로 더 많은 생각이 들었던 게 사실이다. 그래서 내심 걱정했다. 문학과 예술은 배고픈 직업이라고 하지 않은가. 소설에 대한 수요가 예전같지 않을 텐데, 이제 다들 전자책을 본다고 하던데(당시 2005년), 그 회사 돈 많이 못벌어서 더이상 소설책이 나오지 않으면 어쩌나 하는 생각이 들었다. 대학을 졸업하고 내가 부동산에 관심을 가지고 공부하면서 나는 새로운 사실을 알게되었다. 그 출판사는 출판 공장 부지 및 파주 출판단지 부지를 개발하여 수많은 임대수익을 얻고 있었고, 주택개발을 통해서도 수익을 얻고 있었다. 그 수익이 있었기 때문에 어려운 출판시장에서도 탄탄하게 좋은 작품들을 고르고 안정적으로 출판할 수 있는 것이다. 기업의 경영구조나 회계, 자본의 순환 등에 대해 공부하면 공부할수록, 많은 기업들이 '부동산 사업체' 그 자체였다. 상당히 많은 자본과 노력을 투입하는 메인 사업이자 주력 사업이 부동산 사업임에 틀림없다. 단지 부동산 사업으로 수익을 창출하고 있다는 것을 겉으로 드러내기 싫을 뿐.

나의 고객들은 대부분 기업을 운영하고 있다. 사업 운영수익으로 부동산 투자에 자본이 투입되고, 개발되고, 또 다른 이익이 실현되는 과정을 보면 '부동산 개발회사, 부동산 자산관리 회사, 부동산 임대회사' 등의 사업자등록증이 걸려 있을 것만 같다. 그 정도로 부동산 사업에 매우 집중하고 있는 것을 알 수 있다. 기업의 수익구조를 잘 꿰뚫어본다면 사실상 우리는 부동산 회사에서 만든 돈까스를 먹고, 부동산 회사의 옷을 사서 입고 있는 것과 마찬가지이다. 알고 보면 모두 '부동산 회사'이다.

기업에서 '부동산 사업을 한다'는 것은 사실 너무나도 자연스러운 일이다. 사업을 하고 있다면 '권리금'에 대하여 알고 있을 것이다. 고객의 발길 하나하나가 부동산에서는 금전으로 여겨진다. 내가 사업을 잘 해서, 내 사업 아이템이 훌륭해서 사람이 모아지는 것 자체가 부동산에서 법적으로 인정하는 '권리금'으로 산정되는 것이다. 그런데 상가 또는 사무소에 임차인으로 매장을 운영하다가 계약기간이 만료되는 시점이 오면, 이 권리금의 의미가 모호해진다. 동종 또는 비슷한 업종에서 권리금을 주겠다고 하고 계약을 이어받지 않는 한, 그동안 사업장으로 사람을 끌어모았던 트래픽은 누구에게도 주장하기 힘들어진다. 임차인의 사업으로 많은 사람들이 건물에 다녀갔을 것인데, 건물이 알려지고 장사가 잘되는 건물이라고 입소문을 내주고 건물 가치를 올려주는 역할을 하는 것은 기업의 입장에서는 권리금이 얼마든 미래가치에 대한 '손실'이 되는 것이다.

그렇게 기업에서도 사업 초반에는 매장, 사옥, 공장, 사무실 등 사업장을 임대로 이용하다가 사업이 궤도에 올랐을 때 사옥을 매입하면서 사업의 뿌리를 내리는 것으로 부동산 사업을 시작하는 경우가 가장 많다. 임차인으로서 트래픽을 발생시켜 증가하는 수입은 건물주 입장에서는 부동산 자산가치 상승에 대한 수입이다. 브랜드로 일으킨 트래픽을 부동산 자산가치로 환원시키기 위해서는 사옥을 매입하는 게 가장 빠른 방법이다.

맥도날드는 사실 부동산 회사

"맥도날드는 사실 부동산 회사"라는 말은 맥도날드의 비즈니스 모델과 수익 구조를 지칭하는 일화로, 많은 부동산 책에서 비유하고 있다. 맥도날드는 전 세계적으로 유명한 패스트푸드 체인점으로 알려져 있고 대부분의 사람들은 맥도날드를 음식 장사를 해서 돈을 버는 요식업이라고 생각하지만, 사실 맥도날드의 주요 수익원 중 하나는 부동산으로부터 나온다. 맥도날드의 메인 비즈니스 모델은 프랜차이즈 시스템에 기반을 두고 있지만 많은 매장의 부동산을 직접 소유하고 이를 개별 사업자에게 임대하는 방식으로 운영된다. 각 매장의 점주들은 맥도날드에 임대료뿐만 아니라 매출의 일정 비율을 로열티로 지급한다. 즉 맥도날드의 수익은 식음료 제조 및 판매에서 나오는 수익뿐만 아니라 이러한 임대료와 로열티에서도 상당 부분 발생한다. 맥도날드의 이러한 비즈니스 모델은 "맥도날드는 패스트푸드 체인점이면서 동시에 부동산 사업을 하는 기업"이라는 분석이 가능하게 한다. 맥도날드는 매우 전략적으로 부동산을 구매하고 관리하며, 이 부동산 포트폴리오는 회사의 주요 자산 중 하나이다. 이러한 기업 모델로 볼 때 맥도날드의 수익과 자산 관리 전략은 부동산 회사의 특성을 많이 가지고 있다고 할 수 있다.

부동산 사업은 필연적으로 '브랜드'와 함께 성장한다. 맥도날드가 부동산을 매입하고, 그 자리에 맥도날드라는 브랜드가 입점한다는 것, 이로 인해 사람들이 모여들고 해당 부동산과 인근 부동산의 가치를 올리는 동시에 임대 수익을 받을 수 있는 것. 이는 처음부터 '맥도날드'라는 브랜드가 있기 때문에 가능한 일이기도 하다. 최근에는 브랜드 프랜차이즈 고유의 수익 구조인 로열티, 인테리어, 메뉴 개발 및 판매라는 잘 알려진 수익 구조에서 나오는 이윤 만큼이나 많은 이윤을 남기는 쪽이 부동산 사업을 통한 수익이다. 모든 기업은 사실 부동산 기업이라는 해석은 비단 맥도날드만의 이야기가 아니다. 대부분의 프랜차이즈 사업체는 사업 리스크를 줄이기 위해 사업 조건이 좋은 자리는 직접 구분상가를 매입하거나 건물을 매입하여 운영한다. 우리가 잘 알고 있는 식당의 본점과 주요 지점은 사업주 또는 회사의 직접 소유로 운영되고 있다. 정말 좋은 사업 아이템을 가지고 있고, 그로인해 사람들이 찾아오고 모여드는 성과를 가지고 있다면 과감하게 부동산을 매입할 것을 추천한다. 상업용 부동산은 필연적으로 임대 수익에 따라 매입 가격이 결정된다. 임대수익으로 받을 수 있는 수익률이 은행 예금 이자율보다 높거나 같은 조건일 때 매수 결정이 쉬워지는 것이다. 임차인의 입장으로 생각해 본다면, 임대료를 내는 금액과 은행에서 대출을 받아 부동산을 매입한 후 이자로 지불하는 금액을 비교해 무리하지 않는 수준의 비용이라면 부동산을 직접 매입하고 직접 운영하는 것부터 부동산 사업을 시작할 수 있는 것이다. 건물의 구조와 분위기를 자신의 사업에 맞게 활용할 수 있고, 애써 닦아 놓은 사업의 터를 계약기간이 끝났다는 이유로 비워주지 않아도 된다. 사업을 영위하는 동안 부동산의 가치는 동반 상승하게 된다. 사업자금이 필요할 때는 부동산이 보증금이 되어 주고, 임대업이라는 또다른 사업체를 운영하는 것도 가능해진다. 약국이나 병원을 운영하고 있거나 학원을 운영하고 있다면 다른 사업장에 비해 지역에서 더욱 오랫동안 사업을 할 가능성이 많다. 사업장의 위치를 옮겼을 때 얻는 실익보다 불이익이 많은 업종이다. 골프연습장, 헬스장, 수영장 같은 운동시설이나 찜질방, 사우나 등 큰 시설을 운영하고 있는 사업체도 마찬가지이다. 주변에 비슷한 조건의 큰 시설을 찾아 바로 옮길 수 있는 곳이 많지 않고, 비슷한 컨디션으로 공간을 재구성하는 데에 많은 비용이 든다. 맛집과 미용업종은 한번 만난 손님이 오랫동안 발길을 함께 하는 경우가 많다. 사업을 잘 운영하여 건물에 사람들을 모이게 하는 능력이 있다면, 지금 사업을 하면서 임대료를 꾸준히 무리없이 낼 수 있는 능력이 있다면, 성장 가능성이 있는 사업 아이템을 가지고 있다면, 늦지 않게 건물주가 될 준비를 시작해야 한다. 임대료를 내고 있는 모든 사업주는 사실 누군가의 부동산 사업을 공짜로 도와주고 있는 셈이다. 결국 모든 사업은 부동산 사업으로 귀결된다는 것을 잊지 말자.

빌딩 브랜딩 관점에서 보는
공간 해석

7

대한민국 카페는 공간대여 사업 중

빌딩, 상업용 부동산을 매입하고 매수한다는 것은 우리나라의 부동산을 소유하게 되면서 자연스럽게 공간을 자신에게나 타인에게 대여하는 사업을 시작한다는 것을 의미한다. 부동산을 대여한 사람이 또 다른 직원, 손님에게 공간을 대여하고, 이용하게 하면서 부동산의 가치를 만들어내고 새로운 사업의 가치를 만들어낸다.

우리나라는 전 세계에서 단위면적당 가장 카페가 많은 나라라고 한다. 커피를 생산하는 나라도 아니고 커피에 대한 역사가 깊은 것도 아니다. 우리나라만큼 카페 사업이 잘되는 유럽이나 미국은 커피에 대한 취향과 필요를 충족시키는 목적이 우리나라보다 훨씬 뚜렷한 것처럼 보인다. 그에 비해 사실 우리는 커피라는 음료, 재화 그 자체를 소비하기 위해 카페를 이용하지 않는다는 것을 잘 알고 있다. 꽤 많은 빈도로 카페라는 공간을 이용하기 위해 발걸음을 향하지는 않았던가.

카페라는 공간은 배를 채우기 위해 가는 곳이 아닌 만큼, '음료 + 다른 목적'으로 공간을 이용하는 경우가 많은 것은 당연하다. 사실상 커피값을 지불하고 필요한 만큼 공간을 대여해 주는 사업이다. 카페뿐만 아니라 최근 뜨고 있는 사업인 모임공간 대여사업, 스테이 사업, 공유 오피스 사업, 스터디 카페, 심지어 캠핑장까지도 모두 필요한 만큼 단기간 동안 공간을 대여해 주는 대가로 돈을 벌 수 있는 일종의 부동산 사업으로 볼 수 있다. 이처럼 시간 단위로 공간을 빌려주는 비즈니스가 유독 많은데, 그 이유로 우리 나라 사람들은 점유하고 있는 공간이 너무나 한정적이기 때문이라는 분석이 가장 많다. 외국처럼 집에서 홈파티를 하고 정원이나 풀장에서 여가시간을 보내기에 우리에게 주어진 사적인 공간은 너무나도 작다. 구체적으로 예를 들어보면, 4인 가족이 집에 4인 손님을 초대하여 식사를 하고 대화를 하려면 4개 이상의 식탁의자와 5인 이상 앉을 수 있는 응접실과 소파가 필요할 것이다. 대형 소파와 6인용 식탁을 놓기 위해서는 다이닝 룸이 따로 마련된 평형이 적합하다. 어린 아이들과 함께하는 만남이라면 침대나 옷이 없는, 아이들이 뛰어 놀 수 있을 만한 놀이 공간도 필요하다. 하지만 현실적으로 우리나라 4인 가구 기준으로 가장 많이 살고 있는 20~30평형대의 공간 속에는 가족만 점유하여 사적으로 이용할 수 있는 공간 외에 따로 다른 게스트를 위해 배려할 수 있는 공간을 만드는 것이 쉽지 않다. 이 작은 공간 속으로 사람을 불러오기보다는 작은 공간을 벗어나서 사람을 만날 공간을 따로 찾아가는 것이 집에 손님을 모시기 위해서 필요한 공간을 만드는 것보다 훨씬 더 합리적인 것이다. 그렇기 때문에 우린 집밖에서 사회생활을 하고 사교생활을 하는 것이 너무나 익숙하다. 손님을 집에 초대하는 것처럼 밖에서 식사자리에 초대를 하고, 디저트와 커피를 대접하는 공간을 찾아보게 된다. 1인 가구가 늘어날 수록, 개인이 점유하는 공간은 더욱 좁아진다. 더욱 더 사람을 집에서 만나기 힘들어지게 되는 것이다. 가족 단위의 생활 양식이 무너질수록 집 밖에서 사회생활, 문화생활을 즐기는 시간은 늘어날 것이며 수요도 많아질 것이다. 그만큼 더 새롭고 수준 높은 좋은 공간이 필요할 수밖에 없다. 실제로 우리의 안목도 계속 높아지고 있다.

그렇기 때문에 상업 공간은 더 특별해져야 한다. 점유 공간에서 느끼는 느낌 이상의 것을 줄 수 있어야 한다. 집 밖으로 나갈 만한 이유가 있는 공간을 만들어야 사업이 되지 않겠는가. 섀시로 잘게 나누어진 창문부터 유리창틀과 통창으로 바꾸어 야 한다. 특별함은 집에서 보는 시야각과는 다른 각으로 밖을 볼 수 있게 하는 것에서 시작한다.

오감을 만족시켜 기억에 남도록

특별한 만남일수록 특별한 공간을 찾게 된다. 그렇다면 특별한 공간은 어떻게 만들어질까? 빌딩 브랜딩을 통해 특별함을 구현하는 것은 생각보다 많은 감각을 동원할 것을 요구한다.

감각적 만족을 위해서는 가장 원초적으로 시각적 만족감을 요구한다. 동일한 입지 조건이 있을 때 가급적 깨끗하고 디자인이 좋은 부동산을 찾을 수밖에 없다. 우리나라는 점유공간에 대한 니즈 때문에 시각적 만족감 중에서도 개방감이 있을 때 가장 만족감이 높게 나타난다. 사실 개방감을 상업용 부동산에서 구현하기 위해서는 건축 비용이 많이 드는 것에 비해 임대료는 단위면적으로 책정되기 때문에 건축주가 어느 정도 욕심을 내지 않으면 구현하기 힘든 조건이다. 특히 꼬마빌딩의 경우는 더욱 더 그렇다. 그렇기 때문에 개방성을 염두하고 짓는 건물은 층고나 시야에서 이미 희소성을 확보할 수 있게 된다. 공간의 면적보다는 부피감을 염두하고 부동산을 보아야 한다. 그리고 건물에서 구현할 수 있는 최대한의 시야를 확보하길 추천한다.

아울러 빌딩 안에 자연을 넣어야 한다. 그리고 자연을 구현하기로 했다면 극단적으로 자연적일 것을 추천한다. 나는 일본 히로시마의 한 레지던스 건물에서 정말 특별한 영감을 얻었다. 유리벽돌로 외벽을 감싼 이 건물은 외부에서는 건물 내부에 푸르게 우거진 나무 숲만 보인다. 건물 내부는 유리벽돌로 감싸여 자연스럽게 형성된 중정을 즐길 수 있다. 어느 아파트 또는 주택에서나 볼 수 있는 공용화단의 모습이나 가로수의 모습과는 다르다. 그곳에서 구현한 자연은 그 공간 속에 들어가야만 볼 수 있다. 그 건물 안에서만 즐길 수 있는 특별한 자연을 넣었고, 디자인만으로 전 세계에 브랜딩되었다.

어떤 것이 브랜딩이 된다는 것은 기억에 담을 만한 이유가 있다는 것과 같다. 과함, 단순함, 다양함, 신선함. 기억에 남기 위해서는 어떤 하나의 형용사로 정의할 수 있으면 더 좋다. 우리나라는 자연이라는 근사한 소재를 건축물에 구현하는 것에 아직은 다소 소극적인 경향이 있다. 자연을 건축 안에서 즐긴다는 개념 자체가 다소 생소한 지경이다. 매일 많은 빌딩을 보고, 많은 공간을 찾아다니는 나에게도 뉴욕 하이라인 파크처럼 발길 닿는 곳이 정원인지 공원인지 어느 건물 밑 다리 위인지 구분하기 힘들만큼 자연을 구현해 낸 곳을 찾기 어려웠고, 싱가폴의 실내 정원같은 곳을 만나기 힘들었다. 수준 높은 건축시설을 상업용 부동산에서 기대하기 위해서는 공공 차원에서부터 다양하고 파격적인 프로젝트를 성공시키는 노력이 필요할 것 같다.

한편 진정한 빌딩 브랜딩을 위해서는 여러 세대가 기억을 공유할 수 있는 다양한 문화공간에 대한 니즈를 해결할 수 있어야 한다. 작품 전시, 미디어 아트, 팝업처럼 경험적 요소로서 기억에 남는 시도가 필요하다. 최근 여의도나 삼성동의 대기업 사옥 1층 로비나 대형 건물 로비에서 이용객들의 동선과 보안을 해치지 않는 범위에서 다양한 전시행사를 하고 있다. 공간의 이용 면에서도 긍정적인 효과를 가져오고 건물 자체의 홍보나 임대매장의 고객 유입에 있어서도 좋은 효과를 가져온다.

빌딩 디자인은 디자인 그 자체의 아름다움을 어떤 자재로 어떻게 시공하여 각각의 디테일과 질감을 표현하는지에 따라 완성 여부가 결정된다. 그리고 이 공간을 이용하는 사람들은 시각적으로도 많은 정보를 얻겠지만, 공간을 느끼는 공기와 소재를 상상하고 만져보고 동선을 따라 경험하는 한 걸음 한 걸음 모든 감각 속에서 건물을 느끼게 된다. 이러한 느낌을 하나의 기억으로 가장 충실하게 묶어놓는 방법은 '후각'을 이용하는 것이다. 빌딩 브랜딩의 목적을 가장 제대로 완성시킬 수 있는 마지막 소재는 바로 '조향'이다. 호텔, 카지노, 백화점을 떠올려 보자. 그리고 향을 기억해 보자. 언젠가 어디에서 맡아 본 듯한 향이 스칠 때, 그 장소를 기억하고 그 시간을 떠올려 본 적이 있지 않은가. 기억하고 찾아오고 싶은 공간을 기획하는 마지막 단계는 조향이다. 호텔, 카지노, 백화점과 같은 상업 공간에서는 무의식적으로 그 공간을 기억에 각인시키기 위해 브랜드 고유의 조향시스템을 만들고 매우 심혈을 기울여 배치한다. 과격하지 않게 추억을 심어 놓기 위함이다. 공간 속에서 소통하는 마지막 단계인 조향, 빌딩 브랜딩을 위해 반드시 공부하고 고려해야 할 요소이다.

출처 : Hiroshi Nakamura & NAP 홈페이지(Optical Glass House)

Chapter.3

사람이 모이는 빌딩 투자 기획 ABC

부동산 성공습관

1

부동산 사업가, 성공한 건물주가 되기 위해 가장 먼저 시작해야 하는 일, 나는 단연코 '공부'라고 대답할 수 있다. 건물을 사는 것은 수능을 준비하는 것 만큼이나 인생에 큰 이벤트가 되는 일이기에 절대 투기가 되어서는 안 되며, 충동적인 결정이 되어서도 안 된다. 그렇다면 정말 괜찮은 건물이란 무엇일까. 모두의 삶의 모습과 목표가 다른 만큼, 매입을 예정하고 있는 건물도 그 위치, 생김새, 용도가 저마다 다르기 마련이다. 때문에 괜찮은 건물이 무엇일지, 어디에 있을지에 대해 단 몇 줄로 설명하고 안내할 수는 없었다. 하지만 적어도 목표로 하는 건물 중에 가장 좋은 건물을 찾는 과정을 안내할 수는 있을 것 같다.

부동산 투자는 투기나 도박이 아닙니다

부동산 투자는 투기나 도박이 아니다. 그렇게 되어서도 안 된다. 건물이든 아파트든, 부동산 투자는 깊이 고민하고 생각하고 공부한 끝에 나에 대한 확신으로 결정해야 할 인생의 기회이다. 그렇기 때문에 '공부'해야 한다. 연구하고, 많이 비교하고 수집하여 '준비'해야 한다.

앞서 말한 것처럼 부동산에 다녀보면 '빨리 결정하셔야 해요, 이거 금방 계약될 거예요. 계약금 먼저 넣으셔야 해요."라는 말을 들어본 적이 있을 것이다. 그냥 하는 말일 수도 있다. 그런데 빌딩의 현장에서는 '좋은 매물이 싸게 나왔을 경우' 수백 억대의 건물임에도 계약을 결정하는 데까지 주어지는 시간은 평균 10분, 미리 공부하고, 준비했던 사람만이 결정할 수 있는 매우 짧은 시간이다. 10분이라는 시간은, 매물을 받아 보았을 때, 비슷한 조건대의 다른 매물의 위치, 조건, 상태 등을 이미 숙지하고 있어야 하며, 비교대상 매물들의 주변 환경과, 건축법상 어느정도의 밸류업이 가능한지, 용적률, 건폐율, 층고, 건축선 등을 고려하여 엘리베이터를 설치할 것인지, 리모델링을 할 수 있는지, 가능하다면 어느 정도 기간을 요하는지까지 대략적으로 예측이 가능하거나, 조언을 구할 수 있는 에이전트, 중개사, 건축사, 변호사, 세무사 등과 긴밀하게 협조가 가능해야 한다는 뜻이다. 이 모든 과정이 '공부'가 되어 있어야 한다.

한편 공부가 되어 있다는 것과 준비가 되어 있다는 것은 또 다른 내용이다. 공부는 말 그대로 부동산 투자 과정과 방법에 대한 이론적 학습을 전제로 한다. 반면 부동산 투자를 위한 '준비'라는 것은 좀 더 실체적 준비를 의미한다. 간단히 말하면 '자금 실행' 준비에 가깝다. 부동산 투자는 하나의 사업이다. 자본금을 준비하고, 매입을 계획하는 순간 어떻게 자본금을 출자할지, 세금 및 지출, 이자율의 계산과 매입 계획과 시기(계약, 중도금, 잔금 등), 정책 파악, 미래 예측까지 준비되어 있어야 한다.

부동산 투자로 수익을 수년 안에 현실화시킨다는 것은 누구나 할 수 있는 일이 아니다. 간절한 사람만이 해낼 수 있는 일이다. 나의 피, 땀, 눈물로 이룬 큰 자금, 나와 내 가족, 내 회사를 책임질 큰 돈을 투자하는 일이다. 결코 준비 없이 실행할 수 있는 일이 아니다. 기업에서는 부동산 투자 업무와 부동산 사업을 전담하는 팀과 직원들이 따로 있다. 개인의 투자에 있어서도 기업의 팀과 직원들 만큼의 일을 할 수 있어야 한다. 투자자, 사업가의 마인드로 부동산 매입을 계획해야 진짜 나의 부동산을 만났을 때 10분 안에 계약을 할 수 있는 것이다. 부동산 중개인의 조언도 공부와 준비가 밑바탕에 깔려 있어야 한다. 필요한 정보를 선별하여 결정할 수 있는 능력도 아주 중요하다.

부동산 성공습관 장착하기 : 마인드 셋팅 → 구체적 부동산 설정 → 실행

지난 10여년간 현장에서 만난 많은 고객분들을 통해 많은 이야기를 듣고, 많은 배움이 있었다. 그러고 보면 사업을 하시는 분들과 이렇게 가까이에서 일할 수 있다는 것은 나에게 정말 큰 행운이다. 많은 분들과 대화하는 가운데, 내가 단 한 번도 듣지 못한 말이 있다. "제가 진짜로 건물주가 될 줄 몰랐어요."라는 말이다. 영화나 드라마에서 "제가 진짜 이런 곳에 살게 될 줄 몰랐어요~!"라고 말하는 주인공의 대사와는 정반대의 현실이다. 건물을 매입하는 것은 생각보다 많은 시간과 노력이 필요하기에 진짜 매입 의사가 없다면 여타의 노력을 시도하지 않는 것이다.

우리의 뇌는 못할 일이라고 생각하면 관심을 끄게 프로그래밍 되어 있다. 일단 부동산 투자가 미래의 내 직업이라는 마인드를 갖지 않는다면 굳이 부동산을 다니며 건물의 가격을 알아 볼 이유도 없고, 부동산 가격이나 이자율을 계산하며 하루하루 자산을 확인할 필요도 느끼지 못하게 된다. 애초에 건물을 매입할 준비 단계가 사라지는 것이다. 그렇기 때문에 나는 투자자로서의 마인드를 장착하는 것이 가장 먼저 선행되어야 한다고 생각한다. 이 많은 건물 중에 왜 내 것은 없는지를 생각하기보다는 "이 많은 건물들이 모두 주인이 있으니 나도 주인이 되어봐야겠다"라는 마인드가 먼저이다.

그 후에는 어떤 부동산을 매입할 것인지 구체적인 계획을 세우는 단계가 매우 중요하다. 자금과 레버리지를 가지고 매입할 수 있는 부동산 리스트를 만들어보아야 한다. 구체적인 부동산을 대상화하는 과정은 단지 꿈을 그려놓는 것 이상의 효과가 있다. 우선 목표의 부동산을 정하는 과정에서 우리는 지역 부동산의 시세를 알게 된다. 현 임대시장의 평균 수익률도 알게 되고 대출 이자 및 대출 한도도 구체적으로 알아볼 수 있게 된다. 목표로 하는 지역에 직접 방문하고 부동산을 다니며 중개인 또는 소그룹을 통해 부동산 매물 현황과 정보를 얻을 수 있다. 목표로 하는 지역에 대해서도 이전보다 훨씬 더 많은 관심을 가질 수 있게 된다. 가령 예전에 눈여겨 보지 않았던 도로 상황, 신축 빌딩의 공실률 등 이전에 놓쳤던 주변 환경에 대한 정보를 알아갈 수 있게 된다. 아울러 나의 건물을 매입할 때는 어떤 콘셉트를 가지고 운영할 것인지, 어떤 브랜드를 가지고 갈 것인지 구체적인 빌딩 브랜딩 마인드를 셋업할 수 있게 된다.

예시) 나는 ○○○-○번지에 있는 건물을 매입해서 인플루언서가 운영하는 프랜차이즈를 입점시켜 ○○○동의 ○○거리를 만들기 위해 내 빌딩을 브랜딩 한다. 다른 층에도 인지도 있는 브랜드를 입점시켜서 건물의 분위기를 해치지 않게 고급화 전략을 세운다. 이를 위해서는 주차대수가 ○○대 확보된 건물이 필요하다. 그리고 엘리베이터가 없는 건물이라면 리모델링이 가능해야 한다. 건축선이 후퇴한 건물이어도 디자인과 브랜드로 극복할 수 있으니 건축선을 조건에서 빼도 된다.

이와 같이 구체적으로 설정한 부동산을 샘플로 삼아서 매물리스트를 만들어가다 보면 나의 샘플 매물과 유사한 매물이 시장에 나왔을 때 빠른 의사결정을 내릴 수 있게 된다. 샘플 매물은 준비와 공부, 그리고 임장 단계에서 유연하게 수정이 가능하다. 공부와 준비, 임장을 통해 획득한 정보는 샘플 부동산의 이미지를 강화시키기도 하고 목표 재설정을 필요하게끔 하기도 한다. 아무것도 하지 않는 것보다 훨씬 더 많은 일들을 시작하게 만드는 것, 구체적인 목표를 가지고 시작하는 이유이다.

목표를 설정한 후에는 멈추지 않고 빌딩을 찾아 나서야 한다. 아무리 원대한 계획이 있어도 무실천 앞에는 답이 없다. 목표 부동산을 찾기 위해서 걷고, 책 읽고, 공부하고 중개인을 만나고 은행을 다녀야 한다. 이 모든 것이 실천에 해당한다. 앞서 말한 것처럼 기업에는 부동산 투자와 관련된 업무를 전문적으로 담당하는 전문팀과 전문기관, 부동산 전문가들이 전략적으로 부동산 투자와 매입을 위해 일하고 있다. 게다가 기업에는 어마어마한 자본력도 있다. 앞다투어 자금을 투입하려고 기다리는 적극적인 금융기관도 함께한다. 부동산 투자를 위해 업무시간에는 오로지 부동산 업무만을 하고 있다.

기업의 규모와는 상관없이 부동산 투자를 준비하는 모두는 부동산 사업가가 된다. 사업아이템 중 하나로 여기고 업무를 위한 충분한 시간을 투입하여 '일'로서 부동산을 다뤄야 한다. 개인으로서 아파트를 구하더라도, 개인사업자의 사업장을 구하더라도, 전월세를 구하더라도 부동산을 경험하는 모든 순간을 일회성 이벤트로 여기면 안 된다. 그 순간을 기회로 삼아 부동산에 눈을 뜨고 기동력과 실천력을 앞세워 기업의 업무방식을 따라 일해야 한다. 업무시간에 술을 마시거나 넷플릭스를 보지 않는 것처럼, 빌딩을 매입하기로 결정했다면 부동산 투자에 정성을 쏟을 수 있는 시간을 정하고, 그 시간엔 사적인 약속이나 여가생활을 즐기는 것을 자제하여야 한다. 시시각각 변하는 부동산 정책과 금융시장, 매일 사고 팔리는 매물들을 실시간 파악하기는 어렵다. 그러나 적어도 시장의 흐름을 파악하는 정도까지는 알고 있어야 한다.

부동산 투자의 최적기 : '내가 준비되었을 때'

기업을 운영하시는 분께서 빌딩을 매입하시는 경우가 가장 많다. 그 다음으로는 전업주부 혹은 전업 부동산 투자자분들이 많다. 이 분들은 몸에 부동산 습관이 배어 있다. 조금이라도 투자금액을 늘리기 위해 선택과 집중적 소비를 하며, 부동산과 관련된 뉴스, 경제 뉴스를 매일 숙지한다. 신뢰하는 부동산 중개인을 찾은 후에는 현장을 매일 함께 접하고, 정보를 공유한다. 그 데이터를 바탕으로 부동산 투자를 시작하며, 고액 연봉 이상의 수익을 매년 현실화시키고 있다. 게다가 매년 자산가치가 올라간 것까지 생각하면 이분들의 부동산 사업 수익은 결코 적지 않다. 나는 이 사업의 성공이 일상 속에서 부동산을 읽어 나갔기에 가능했다고 확신한다. 결정적인 선택의 순간에 이러한 부동산 성공 습관은 빛을 발한다. 부동산 매입 시 세금이나 기타 비용에 있어 필요하지 않은 지출을 줄여 수익률을 높게 만들고, 부동산 사업을 운영하는 데 최적화된 사업 형태와 임차인 구성의 시나리오를 늘 생각하고 부동산 사업을 한다. 스스로의 결정에 확신이 있을 정도로 부동산 사업이 내 몸에 밴 성공 습관이 되어야 한다. 크고 작은 성공 습관으로 하루하루를 채워야 마침내 내가 원하는 나의 모습, 내가 원하는 나의 부동산의 모습을 가질 수 있게 된다. 오늘의 나를 바꾸어야 하고 미래를 위해 공부해야 하며 안목을 길러야 한다. 그 모든 시작은 '마인드'에서 출발한다. 투기가 아닌 투자를 하겠다는 마인드이다. 부동산 투자의 최적기는 '내가 투자 할 준비가 되었을 때'이다.

매혹적인 빌딩 스크랩은
눈과 발로 동시에 하라

2

빌딩의 DNA 파악하기

투자를 계획하고 있다면 목표로 삼은 부동산이 있는 지역, 또는 비슷한 조건을 가진 지역을 아주 오랫동안 걸어보아야 한다. 주차상황이나 교통상황을 체크해야 하는 경우를 제외하고, 차로 다니는 것보다 걸어다녔을 때 보이는 부동산의 요소들이 많이 있다. 인간의 DNA가 다 다른 것처럼 부동산이 가진 DNA도 모두 다르다. 자세히 보아야 자세히 알 수 있다. 찾고자 하는 정보를 체득하는 데에는 시각적 체험이 가장 빠르기 때문이다. 시각정보를 계속 주입시키는 가장 빠른 방법, 부지런한 걸음 속에 답이 있다.

부동산 매입을 계획하면 본격적으로 중개업체를 통해 매물을 받아보게 될 것이다. 많은 부동산에서 이메일, 전화, 문자로 깔

끔하게 정리된 부동산 매물을 안내할 것이다. 이때 미리 샘플로 정해 놓은 부동산과 비슷한 조건의 매물을 본다면 꼭 직접 가보아야 한다. 부동산 트렌드는 생각보다 매우 빠르게 변하고 있다. 한 달 전에는 먹자골목이었던 곳이어도 지금은 예전같지 않은 곳이 생각보다 많이 있다. 중개업체에서 제공하는 자료는 그 빌딩에 가보지 않고 보내주는 경우가 대부분이다. 그러다 보니 광고물에서 놓치는 매물의 장점과 단점들이 생각보다 많이 있다.

대로변 매물은 대체로 '좋은' 매물이라고 소개되는 경우가 많이 있다. 하지만 직접 가보면 대로변이어서 더 안좋은 경우도 많이 있다. 우거진 가로수에 가려져 임차인이 꺼리는 경우도 발생한다. 어느 경우에는 이면도로가 오히려 너무 아름다운 핫플레이스여서 이면도로의 수익률이 훨씬 더 좋은 경우도 있다. 더 적은 가격에 더 높은 매매차익이 생기는 경우가 발생하는 것이다. 부동산을 매입하는 목적이 모두 다르고, 부동산마다 가지고 있는 조건이 다 다르다. 그렇기 때문에 어느 빌딩이 좋은지 아닌지는 정형화된 포맷으로 설명하기가 매우 곤란하다.

목표로 하는 샘플 부동산을 정하고, 이와 비슷한 조건을 가진 부동산을 찾아다니는 작업은 빌딩의 DNA를 파악하기 위해 필수적인 과정이다. 비슷한 조건은 목표하는 샘플 빌딩의 위치, 임차 업종, 역세권 여부, 분위기, 타깃 상권 등을 모두 포함한다. 지역의 분위기, 임차되어 있는 업종, 이웃들의 라이프 스타일, 주변 아파트의 시세, 개발과 관련된 정보를 얻어가며 지역 매물의 정보를 수집하고 스크랩하는 과정은 '개별임장기록'으로 남겨두는 것이 좋다. 직접 부동산을 방문하여 매물에 대한 정보를 문의하지 않고도 가능하다. 네이버 부동산 사이트에서 빌딩 매물을 검색하다 보면 마음에 드는 조건의 매물을 찾게 된다. 지도를 확대하고 지역을 파악하여 카카오맵 사이트에서 재검색을 하면 주변 건물이나 주변 상점의 상호를 알게 된다. 로드뷰에서 해당 건물을 찾아 우클릭을 하면 임차정보와 지번정보도 알 수 있다. 그렇게 매물의 주소나 대략적인 위치를 파악하여 찾아가보면 된다. 간단하게 시세를 파악하면서 동시에 여러 데이터를 수집하는 데 좋은 방법이다. 매물의 주변을 걷다 보면 해당 매물의 가격(시세)이 어떻게 형성된 것인지도 파악할 수 있게 된다. 부동산에 관심을 가지고 걷다보면 이제까지 운동 또는 산책하는 마음으로 걷던 거리가 전혀 새롭게 다가온다. 창문마다 숫자로 가격이 표시되는 느낌도 받게 된다. 부동산으로 관심을 돌려서 걸어보면 세상이 다르게 보이는 그 느낌, 그것이 임장의 첫 단추가 된다. 나는 이제 내가 관심있는 지역을 떠올리면 머릿속에 3D지도가 그려질 정도이다. 과거도 그려지고, 현재도 그려지며, 주변 개발 정보를 종합하여 완성될 미래의 지도까지도 그려진다. 그렇기 때문에 그 지역에 있는 나의 목표 빌딩의 가격은 현재 가치보다 더 큰 가치를 갖게 될 것도 알게 되었다. 나는 그 빌딩이 시장에 나왔을 때 10분 안에 매수를 결정할 수 있도록 준비하고, 공부한다. 그리고 매일 그 지역을 걸으며 변화와 정보를 주입하고 있다. 이 정보는 여타 부동산 광고의 내용과는 양과 질이 다르다. 나에게만 특화된 매우 귀하고 고급진 부동산 정보로 남게 된다.

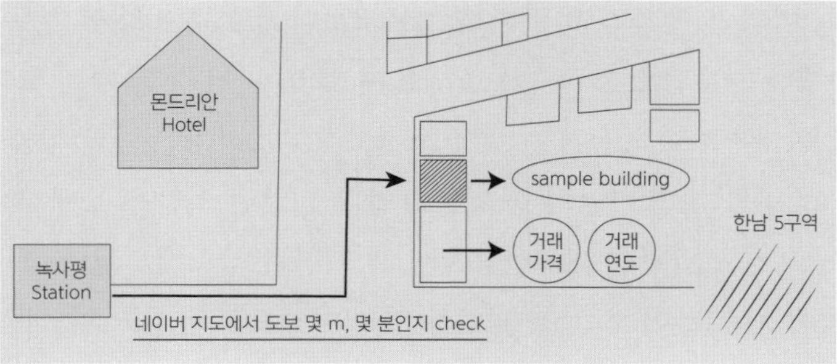

① 주변 환경 check

- √ UN사 부지 개발
  - ↓
- √ 더 파크사이드
  - 분양예정가 ~억
  - ~세대
  - ~년 완공
- √ 한남뉴타운
- √ 용산공원

② 기본 정보 Check

- √ 주소
- √ 공시가격
- √ 주변 실거래가 추이(평당&연면적당)
- √ 감정가(?)
- √ 대출예상금액
- √ 건물구조, 사용승인일
- √ 임차현황

③ 주변 거래가격 & 임대가격 check

④ 주변 매물 check

개별 임장기록 예시

보다 : 빌딩 브랜딩에서, 동사 (들어가서 보다)와 명사 (안목)

걸어다니며 발길을 끄는 빌딩을 찾아가다 보면, 그 빌딩이 왜 발길을 끌어당기는지 알아보아야 한다. 나는 '보다'라는 의미를 잘되는 빌딩, 좋은 빌딩 안에 '들어가 보자'라는 의미도 있지만 안목을 '높여 보자'라는 의미로도 쓰고 싶다. 포스트코로나 시대를 사는 우리는, 대면 만남에 대한 의미를 다시금 되새기게 되었다. 비대면 온라인 미팅은 포스트코로나에도 유용하게 업무를 진행하는 수단으로 사용하고 있으며, 대면 만남을 할 때는 그 시간을 기록하고 공유하는 현상을 겪고 있다. 비대면 만남에 익숙해진 만큼 대면 만남의 중요성도 알게 되었던 시간을 보낸 것이다. 우리는 만남의 대상만큼 만남의 시간과 장소에도 공을 들이기 시작했고, 이 모든 것을 영상 또는 사진으로 남기고 지인들과 공유하기 시작했다.

부동산의 입장에서 이 현상은 SNS의 발달로부터 시작되었고 코로나 이후 가속화되었다. 기록에 남을 만한 공간인지, 공유하고 홍보할 만한 공간인지에 대한 고민을 건물주도 시작하게 된 것이다. 그동안은 '대로변', '코너', '강남'이라는 키워드에만 주목해서 빌딩을 보았다면 이제 빌딩을 매입할 때는 내 건물에 들어올 임차인이 어떤 업종일지, 내 건물이 이 스트리트에서 가지는 존재감은 어느 정도일지, 내 건물을 시작으로 이 도로가 붐벼질 수 있을지를 생각해야 하는 시대가 온 것이다. 트래픽이 있는 곳에 가치가 더해지기 때문이다.

이 현상은 사옥을 매입하는 건물주의 입장에서도 똑같이 고민해야 할 문제가 되었다. 지금까지의 사무실은 일터라는 기능에 집중해 책상, 컴퓨터, 탕비실, 회의실, 화장실만 있어도 충분했다. 하지만 구글과 애플의 사옥, 아마존의 사옥을 시작으로 국내의 IT 기업에서부터 업무공간을 특화시켜 직원들의 사기를 충전하고 업무효율을 증진시키는 노력을 기울이게 되었다. 워크스페이스는 대외적 홍보공간이 될 수도 있지만 매일의 일과와 일상을 SNS를 통해 공유하는 지금의 시대에서 직원을 통해 회사를 홍보할 수 있는 기회가 되기도 하였다. 뱅크샐러드 사옥에서의 일상을 담은 공중파 방송이 화제가 되면서 뱅크샐러드 회사가 홍보가 되었던 것처럼 말이다. 이제는 차별화된 사옥 디자인으로 브랜드를 떠올렸을 때, 빌딩의 위치와 모양까지 기억할 수 있도록 빌딩 브랜딩의 마인드로 접근해야 하는 시대가 온 것이다. 직원과 클라이언트의 가슴을 뛰게 하는 워크스페이스를 만들기 위한 건물주의 진지한 고민이 필요해졌다.

빌딩시장의 이러한 변화들로 볼 때, 이제 부동산 임장을 할 때는 걸으면서 주변의 호재, 교통편, 입지와 분위기를 파악하는 것에 더하여 건물 자체의 매력을 간파해야 하는 노력이 필요해졌다. 하루가 다르게 변하는 세상이다. 나의 경우 액세서리를 좋아하지 않아서 애플 워치 제품에는 딱히 관심이 없었다. 뒤늦게 애플워치를 구입하여 며칠 전부터 쓰고 있는데, 내 삶의 모습이 바뀌는 데 단 6시간 정도밖에 걸리지 않았다. 핸드폰을 손에서, 주머니에서, 그리고 또 손으로 옮겨가며 놓지 못하고 살던 지난 수십년의 습관이 고쳐지는 데 단 몇 시간밖에 걸리지 않는다는 것이 정말 놀라웠다. 부동산 시장도 이와 다르지 않다. 근사한 빌딩을 경험하고 한 번 높아진 소비자의 눈높이는, 이내 기존의 질서 없고 매력없는 건물을 '불편'하다고까지 느끼게 한다. 공간을 소비하는 임차인, 클라이언트, 고객을 읽어야만 내가 가지게 될 부동산 자산의 가치가 다르게 평가될 수 있다.

나는 강남역 인근을 중심으로 부동산 매물을 살펴보고 수요조사를 하고 시세를 파악하러 다닐 때마다 새로 지어진 건물에 임대차는 어떤 업종으로 채워지는지, 어떤 요소가 그 임차인들을 한 건물에 모이게 하였는지 살펴본다. 그리고 사람들이 줄서 있는 매장은 어떤 업종과 어떤 아이템이 그런 트래픽을 유발시켰는지 직접 체험해 보고 다녀보는 편이다. 그 안에서 사람들이 어떤 요소에 매력을 느끼고, 사진을 찍고 공유하는지 다시 한번 체크한다. 최근 가장 매력적이라고 생각했던 건물은 정동의 캐나다 대사관 인근 빨간 벽돌 건물이었다. 건물 앞에는 하와이의 어느 한 골목을 연상시키는 매우 커다란 나무가 자리잡고 있었고, 그 나무 앞에는 도심 속의 작은 정원으로 즐길 수 있는 돌과 분수, 벤치, 그리고 예술 조형물이 있다. 사람들은 빨간 벽돌 건물을 배경으로 저마다의 추억을 사진으로 남기고 있었다. 건물주가 기획하고 만들어 낸 공간을 영상으로 담아내고 공유하며 그 순간을 즐기고 있었다. 어김없이 인스타그램에서 정동을 검색하면 이 건물이 보인다. 나는 이 게시물을 보았다면 정동을 지날 일이 있을 때, 이 건물을 경험해 보기 위해 조금 돌아가더라도 들러볼 것이라 확신했다. 트래픽 요인을 만들고, 그 순간을 즐길 수 있도록 연출된 공간 덕분에 그 벽돌건물의 작은 카페와 소극장도 붐볐다. 부동산 사업을 위해서는 건물주의 이러한 기획과 노력이 보일 정도로 걸어보아야 한다. 그리고 그 안에서 배움이 있어야 한다. 더 나은 안목, 더 나은 빌딩에 대한 기준이 생겨나야 한다.

모든 건물 위에 숫자가 보일 수 있어야 할 것이다. 나의 인사이트로 건물가격 + α의 애드밸류가 생겨날 수 있어야 그것이 비로소 부동산 사업이 된다는 점을 꼭 기억해야 할 것이다.

빌딩을 대하는 마인드의 전환

3

정직한 걸음에서 빌딩 투자의 답을 찾아낸 것은 나만의 비결은 아닐 것이다. 대부분의 부동산 투자자들은 '임장'에서 부동산 투자의 흥망성쇠의 기록을 담아낼 수 있다는 것을 이미 알고 있다. 나 역시 누가 어느 지역에 대해 묻더라도 그 지역의 동향과 스토리를 말할 수 있을 정도로 많은 노력을 해왔다. 내가 내딛은 걸음수와 내가 얻은 정보량은 늘 어느 정도 정비례했기에, 걸음을 게을리 한 적이 없었다. 부동산 투자의 영역을 운으로만 생각하는 이들에게 부동산 투자는 '실력과 노력'의 영역이라고 말하는 이유도 어느 정도의 시간과 노력, 공부가 필요한 분야이기에 그러하다. 단, 반드시 기억해야 할 것은 우리가 임장을 하면서 가져가는 정보에 있어, 지금까지는 기본적인 부동산과 관련된 내용들이 들어갔다면 이제는 성공하는 빌딩에서 느껴지는 '느낌'

이라는 감성을 적어 들어가야 하는 시대가 왔다는 것. "'왜' 잘되는 빌딩이지?"라는 이유에 대한 답을 얻는다는 생각으로 잘 되는 빌딩을 찾아야 어느 정도 그 느낌을 찾을 수 있을 것이다.

왜 잘되는 빌딩일까?

나는 부동산 사업을 시작할 때 성수동에 부동산 중개사무소를 먼저 개업하였다. 이전부터 부동산사업을 하였기 때문에 이후에 추가로 중개업을 직접 운영하면서 얻을 수 있는 현장감과 지식은 나의 부동산 사업에 정말 대단히 지대한 영향을 주었다. 처음 중개업소를 준비할 때, 나는 그동안 내가 고객으로서 다녔던 부동산 사무소에 대한 기억을 떠올렸다. 내가 소비자로서 부동산을 이용했을 때 어떤 부동산을 먼저 검색했었는지 키워드를 생각해내고, '그 부동산의 첫인상은 어땠을까', 그리고 그 많은 부동산 중에서 기억에 남는 곳과 그 이유에 대해서 상세하게 떠올려보았다. 내가 고객으로 다녔던 부동산 중개업소 중에는 아파트 단지 내 상가에 있는 흔한 부동산도 있었고, 강남 테헤란로에 위치한 큰 중개법인도 있었다. 그리고 너무나 오래되고 허름한 복덕방 같은 부동산도 있었다. 물론 부동산의 본질인 중개인의 서비스나 실력, 좋은 매물을 가지고 있는지를 파악하는 것 역시 중요하다. 하지만 시간이 지난 후에 부동산에 다녀온 기억을 떠올릴 때면 나는 매물이 어땠었는지와 함께 상담받을 때의 느낌도 떠오른다는 것을 알았다. 아저씨 두 분이 풍기는 담배 냄새와 앉고 싶지 않은 더러운 방석 위에 앉았던 기억, 사진 찍고 싶을 정도로 멋진 그림이 있었던 어느 부동산의 기억, 정겹게 귤을 까주던 아파트 중개업소의 기억. 부동산중개업소는 분명 영업을 위한 공간이기에 부동산 중개사무소의 디자인이나 동선도 손님을 위한 공간이어야 하는데, 이런 저런 사정으로 생각보다 많은 부동산중개업소는 주인이 일하기 편한 부동산인 경우가 많았다.

이런 기억들을 종합하여 나는 부동산 중개업소를 개업할 때 손님의 입장에서 먼저 문을 열고 들어오고 싶어하는 외관을 만들어 보고 싶었다. 일단 들어오면 앉고 싶은 깨끗한 자리가 필요할 것 같았고, 안전하고 조용하게 상담할 수 있는 공간이 필요할 것 같았다. 특히 여성 고객분들이 이 부동산을 안전하고 오래 머물 수 있는 장소로 생각할 수 있었으면 했다. 부동산 중개업소까지 나를 찾아주는 고객에 대한 감사의 마음을 표현한다는 생각으로 인테리어 곳곳에 손님의 눈에 아름다워 보일 수 있는 공간들을 만들었고, 결과는 성공적이었다.

나는 부동산 중개업소의 모습이 '빌딩'이라는 존재와 여러 면에서 매우 닮아있다는 생각을 한다.

부동산중개업소는 한 동네에 오래 터를 잡고 있을수록 장사를 하기 쉬워진다. 장사가 아닌 사업이라고 생각한다면, 새로 아파트가 들어서는 곳, 새로 개발이 되는 곳을 찾아 사업을 확장하는 노하우를 만들어 내야겠지만, 어디까지나 그 자리에 터 잡은 대가로 어느 정도의 수입이 보장되기 때문에 생각보다 많은 부동산 중개업소는 그 자리에 안주할 뿐 사업에 다양한 시도를 하지 않고, 큰 변화를 주지도 않는다.

그런데 이런 모습은 오래된 건물에서도 보인다. 수익을 줄 수 있는 임차인을 손님으로 생각한다면, 손님의 입장에서 조금 더 일하기 편한 환경들을 고려하고 먼저 개선점들을 찾아가는 과정이 필요하다. 그런데 많은 건물들이 현상 유지 이상의 노력을 하지 않는다. 세상이 이렇게 빠르게 변하고 있음에도 현상유지 이상의 노력을 하지 않는 사업체를 보면 어떤 생각이 드는가. 고객(임차인)을 위한 공간을 만들고자 노력하지 않는 사업주(건물주)는 점점 매력을 잃고 경쟁업체에 고객을 빼앗길 수밖에 없다. 이제는 가치관을 바꿔야 한다. 건물주는 사업가, 임차인은 고객이다.

부동산 자산은 그냥 있는 그대로, 흘러가는 대로가 아닌, 조금 더 공을 들일수록 그 역할을 더 잘하는 공간이 된다. 사실 기존 임차인을 믿고, 건물 그 자체의 가치를 흘러가는 대로 두어도 건물은 제 역할을 한다. 시간이 지나며 부동산 가격이 오를 때 나의 토지 가격도 오르기 마련이다. 하지만 좀 더 적극적으로 사업으로서 접근하여 가치를 향상시킬 방법은 너무나도 많다. 임장을 통해 많은 건물들을 접할 때에도, 그 건물의 개선 가능성을 상상하며 임장해야 한다. 그리고 그 가능성에 대해 전문적으로 상담을 해줄 중개사와 건축사의 코멘트도 함께 노트하여야 한다. 건물을 있는 그대로 활용했을 때의 가치와 기획을 통해 만들어내는 가치가 다르기 때문에 임차인이 먼저 찾아올 공간으로 만들어 낼 이유를 생각하면서 매입을 준비해야 한다. 같은 맥락에서 좋은 매물을 찾아보기 위해서는 지금 당장은 개선의 필요성이 많이 보이는 건물이 있다면 빌딩 매입을 고려할 때 우선적으로 생각하면 좋다. 세심하게 건물 이곳 저곳을 신경 썼을 경우 지금보다 가치가 올라갈 가능성이 크기 때문이다.

임차인을 보면 경쟁자가 보인다

부동산 사업에서도 경쟁자가 없을수록 독점할 수 있는 여지가 있다는 것은 당연하다. 임장을 통해서 샘플 지역의 빌딩들의 특성을 파악하다 보면, 대략 어느 정도 규모의 상가 또는 사무실이 가장 많이 공급되고 있는지 파악할 수 있을 것이다. 빌딩의 면적, 층수, 땅 모양, 주차 상황 등을 하나하나 체크하다 보면 그 건물에 임차인이 어떤 이유로 그 건물을 선택했는지 파악할 수 있다. 왜 그 건물을 선택했을지에 대한 답을 하나씩 찾다보면 내가 매수할 건물이 어떤 조건들을 기본적으로 갖추고 있어야 내가 원하는 임차인들이 나의 건물을 선택할 수 있는지에 대한 답을 얻는다.

가령, 주변의 사무실 및 주택 배후수요가 좋아서 음식사업이 너무나도 잘 되고 있는, 이른바 먹자골목 상권의 건물을 보고 있다면, 1층 면적 대부분을 주차장으로 쓰고 있는 건물은 선택하지 않는 것이 당연하다. 1층에서 가장 수익이 잘 나는 곳인데 굳이 1층 수입을 포기하는 건물이 매물로 나왔다고 해서 후보에 올릴 필요는 없을 것이다.

반면 매수를 생각하고 있는 지역에 관공서가 있다면 상가보다는 사무실이 전반적으로 잘되는 지역일 수 있다. 법원 인근에 변호사 사무실이 많고 세무서 인근에 세무사 사무실이 많은 것처럼. 이런 지역은 1층에 주차장이 잘 확보되어 있고, 출입구가 밝고 깨끗한 건물일수록 좋다. 오히려 1층에 식당이 있는 것은 건물 전체로 보면 큰 도움이 되지 않는다. 주차장을 함께 쓰는 업종이 식당이 되면, 다른 임차인의 고객에게 불편을 줄 수 있고, 환기 시설이 잘 되어있지 않은 건물이라면 오랜 시간 같은 건물을 이용해야 하는 다른 임차인들에게 음식 냄새로 고통을 줄 수도 있다. 이는 다른 주요 임차인들을 잃게 되는 결과로 이어질 수 있다.

한편 상업용 부동산에서는 모양이 길고 좁은 건물일지라도 전면 노출이 잘되는 건물은 주변 건물들에 비해 오히려 임차인에게 더 인기가 많다. 임차인의 입장에서는 입지만큼이나 건물 인지도나 노출도를 고려한다. 고객을 만날 수 있는 기회를 조금이라도 더 만들어야 하는데, 평범하게 지어 올라가는 건물들 사이에서 특이점을 가지고 있다는 것은 그만큼 누구의 눈에도 잘 띌 수 있는 여지가 있다. 벌꿀을 파는 브랜드인 안상규 건물을 아는가? 개인적으로 빌딩 브랜딩이 가장 잘된 건물 중 하나로 생각하는 건물이다. 여의도 국회대로 먼 곳부터 눈길을 끄는 벌집 모양의 이 건물은 매우 좁고 길다란 부지를 벌집 모양으로 가득 채워 올려놓았다. 건물의 입지도 좋지만 이 건물의 특장점은 노출도이다. 건물 자체가 브랜드를 보여준다. 실제로 사용할 수 있는 면적은 거의 없다고 생각할 정도로 좁고 길다란 부지이다. 신축부지로서 매입할 때는 최악의 부지라고 말하곤 한다. 하지만 임차인의 입장에서는 브랜드를 알리는 쇼룸, 전시장, 광고판 같은 건물로서 이런 형태의 건물도 매우 긍정적인 평가를 받는다.

영등포 안상규 건물 사진

고객 유입을 위한
호텔 마케팅 요소

4

파라다이스 호텔만의 특별한 공간, 아트테인먼트

여행이든 출장이든 호캉스이든 어떤 목적으로 호텔을 이용해 본 경험을 떠올려보자. 떠올리는 순간 생각나는 반짝이는 추억이 있는가. 또 가고 싶은 특별한 이유나 시기가 있는가. 호텔이라는 공간은 생각보다 많은 부분에서 "찾아주셔서 감사합니다. 행복한 시간 보내시고, 사진 많이 찍어주시고, 꼭 또 오세요!!"라는 메시지를 발신하고 있다. 두 귀에 직접 속삭이거나 현수막으로 노골적으로 광고하는 것은 아니지만 고객이 호텔의 메시지를 듣고 찾아내고 느낄 수 있는 전략에 대단히 힘을 기울인다. 우리가 아는 소위 잘 나가는 호텔은 그 호텔을 찾는 주 고객층이 누구인지 정확히 타깃을 분석하고, 그 타깃을 유입시키기 위한 시각적 요소는 물론 이벤트, 부대시설, 조향, 조명시설까지 집중시킨다.

팬데믹 이전에도 '호캉스'라는 단어는 있었다. 하지만 호텔에서 주 타깃층으로 생각하는 고객은 분명 '여행객'이었다. 자신의 거주지에서 벗어나 새로운 장소에 오게 된 고객을 위해 편안하고 안정적인 환경을 제공하고, 멀리 가지 않더라도 식사와 운동을 해결할 수 있는 점에서 깨끗한 침구와 고급스럽고 편안한 무드의 조명, 실내 공조시스템 등에 공을 들였다. 이처럼 기본에 충실한 호텔이 평가가 좋았다.

하지만 팬데믹이라는 큰 위기를 겪으면서 외국에서 오는 고객들의 발길이 끊어지고, 내국인은 집안에 갇혀버리게 되었다. 평소라면 일상의 따스함과 편안함을 느낄 수 있던 '집'이라는 공간은 팬데믹을 겪으며 조금은 답답하고 새롭지 않은 공간이 되어버렸다. 이런 상황에서 '내집같이 편안한 공간'으로 꾸며놓은 곳에 시간과 비용을 들여 찾아가는 여행은 더이상 매력적이지 않게 되었다. 내집과 다른 공간, 다른 경험을 찾아 새로운 자극을 얻고 그 하루를 기억하고 기록하기 위해 호텔을 찾아가는 문화가 본격적으로 시작되었다.

호텔은 이와 같은 니즈를 빠르게 캐치하고 새로운 상품을 내놓기 시작했다. 숙박에만 초점을 맞췄던 기존의 서비스에서 벗어나 다양한 호텔의 고급스러운 부대시설을 이용할 수 있는 상품들을 기획하여 시장에 선보였다. 호텔에서 수영장과 헬스 시설을 이용한 후 이용객들은 아름다운 인테리어가 된 그날의 수영장과 헬스장 이용 경험을 사진과 동영상으로 찍어서 SNS에 공유한다. 평소와 다른 색다른 경험, 새로운 시선, 아름다운 배경에서 자신을 남기는 경험, 그 행위 자체가 호텔의 입장에서는 매우 중요하게 생각하는 광고 수단이자 마케팅 요소이다. 따라서 숙박을 꼭 필요로 하는 고객이 아니더라도 호텔의 시설이나 호텔의 인테리어, 호텔 자체의 브랜드, 위치를 적극적으로 알릴 수 있는 고객을 유치하기 위해 '특별한 공간'을 집중적으로 만들어 낸다.

인천 파라다이스 시티 호텔은 '글로벌 아트테인먼트(Art+Entertainment)'라는 호텔 콘셉트를 가지고 객실과 로비를 포함한 모든 공간에 총 3,000여 점의 예술 작품을 선보이며, 작품 배치 또한 조각보처럼 리조트 전체를 감싸도록 구현해 호텔 자체를 하나의 작품으로 설계했다.

객실이 시작되는 5층부터 11층까지 모든 복도에 국내 작가들의 작품을 선보여 층마다 엘리베이터 문이 열리면 새로운 전시관을 마주하는 듯한 효과를 주었다. '예술을 사랑하는 호텔'이라는 콘셉트에 맞게 별도의 미술관도 마련돼 있다. 바로 '파라다이스 아트 스페이스'다. 상설전시실인 아트 스페이스에 들어서면 제프 쿤스와 데미언 허스트의 작품을 만날 수 있다. 전시실뿐만 아니라 호텔을 찾아오는 누구에게나 공개되는 로비, 복도, 야외에서도 유명 작품을 만날 수 있다. 쿠사마 야요이의 '노란 호박'은 파라다이스 시티를 찾은 사람이라면 누구나 기념사진을 남기는 작품이기도 하다. 또한 가우스의 '투게더'를 국내에서 만나보기 위해 일부러 찾아가는 고객들도 적지 않다. 가족 단위의 고객이 예술작품을 함께 감상할 수 있는 파라다이스 호텔의 미디어 전시도 SNS를 통해 공유되며 파라다이스 호텔의 이름을 알렸다. 파라다이스 호텔을 찾은 고객들은 다른 곳에서 쉽게 볼 수 없는 유명 작가의 작품을 만나는 소중한 경험을 매우 적극적으로 공유할 만한 수준 높은 공간을 완성하였다. 이로써 팬데믹 기간에도 호텔을 방문하는 고객들을 유치할 수 있었고, 인천에서 가장 유명한 고급 호텔이라는 명성과 함께, 개장과 동시에 그 어떤 광고보다도 더 효과적인 광고수단으로써 SNS를 통해 이름을 알릴 수 있었다. 파라다이스 호텔은 숙박이라는 개념에서 호텔을 해방시켜 '세계 거장 작품을 감상할 수 있는 공간'으로 위상을 자리매김할 수 있는 새로운 개념을 정립했다.

공간이라는 개념은 매우 자유롭고 유연하게 변화하고 있다. 어떤 업종인지에 대한 고민도 중요하지만 최대한 많은 사람들에게 어떻게 하면 더 노출될 수 있는지에 대한 고민이 상업적 공간에서 가장 필요한 개념이 되었다. 기존 업종에 국한되지 않고 다양한 시도를 통해 대중에게 사업을 노출시키려는 노력이 중요하다. 파격적이면서도 효과적인 호텔의 마케팅 툴을 부동산 사업에서도 접목시키기 바란다.

이벤트로 기억될 것

빌딩 브랜딩과 호텔 마케팅의 접점은 '선택과 집중'이다. 물론 모든 공간이 모두 화려하고 모두 압도적일 수도 있다. 지금과 같은 추세라면 상업적 공간에서는 '과함' 역시 충분히 가능한 콘셉트이다. 하지만 빌딩 브랜딩의 관점에서 건물이라는 공간은 임차인(또는 예비 임차인)에게 선택받을 수 있는, 많은 고객들의 눈에 들어오는 건물로서 한 지역사회 안에서 그 존재감을 기억하게 하고 노출시키는 것에 초점을 두고 있다. 호텔 마케팅 역시 어느 한 세대를 타깃팅하는 일부 호텔을 제외하고는 부담스럽지 않은 선에서 많은 세대를 아우를 수 있는 공간을 만들고자 한다. 과하지 않되, 기억에 남는 공간을 시도할 때는 매우 집중해서 만들어야 한다는 점에서 호텔 마케팅과 빌딩 브랜딩은 유사점을 가지고 있다.

빌딩 브랜딩을 위해서는 집중하는 공간에 있어서는 절대적으로 과하게 집중해야 한다. 서울 용산구청 대로변에는 명품 시계 브랜드 브라이틀링 매장이 있다. 반포대로에서 녹사평대로로 이어지는 대로변에 위치하고 있어 가시성이 매우 좋은 건물이지만, 브라이틀링 건물로 브랜딩이 된 지는 그리 오래되지 않았다. 오랫동안 그 거리를 지나다녔지만 어떤 건물이 있었는지 전혀 인식하지 못했다. 한마디로 존재감이 없었다. 삼거리 코너 건물이자 언덕길에 위치해 한 번쯤 봤을 법도 한데, 정말 극도로 '평범'한 건물이었기에 기억할 가치도 없었던 것이다. 입지로만 보면 옥외 광고판을 설치해도 좋을 정도로 너무나도 훌륭하지만 입지 값을 전혀 못하는 건물이기에 내심 아쉬움이 있었던 참이다.

그러던 어느날 같은 길을 지나가다가 너무나도 아름다운 대형 크리스마스 트리가 눈에 들어왔다. 너무 밝고 화려해서 그 빛을 일부러 피하기도 어려울 정도였다. 동시에 고급 명품 시계 브랜드 브라이틀링의 시그니처도 함께 눈에 들어왔다. 저 길에 브라이틀링 매장이 있었구나. 직관적으로 찰나의 순간에도 그 건물에 대한 많은 정보가 뇌에 입력되었다.

이른 겨울이지만 그날 브라이틀링 건물의 크리스마스 장식을 통해 그해의 크리스마스 시즌이 시작되었다는 것을 실감했다. 기분이 좋아지고 따스해졌다. 지나는 길에 미소가 지어졌다. 그동안 어떤 건물인지 궁금증이 생길 정도는 아니었던 어느 신축건물은 그렇게 '브라이틀링 건물'로 브랜딩되었다. 크리스마스 장식을 본 후에야 브라이틀링 건물에서 근사한 브런치 카페가 운영되고 있다는 것을 알았다. 그 건물에 고급 휘트니스 센터가 있다는 것도 크리스마스 장식을 보고 난 후에야 알 수 있었다. 크리스마스 이벤트 후에야 구체적인 부분이 눈에 들어왔다. 그 길은 브라이틀링 크리스마스 트리로 기억될 것이다. 이렇게 시즌을 위한 이벤트만으로도 빌딩 브랜딩이 가능하다. 단, 이벤트 기간이 아닌 때는 건물의 단정함을 유지하되, 브랜딩을 위한 이벤트에 있어서는 잊혀지지 않을만큼 집중적으로 과하게 시도하는 것이 핵심이다. 크리스마스 트리 몇 개로는 이뤄낼 수 없는 성과였다. 모든 공간을 다 화려하게 채워넣을 수 없다면, 집중할 수 있는 공간과 집중할 수 있는 시즌에 모든 것을 불태워야 한다. 진정한 의미의 '선택과 집중', 선택한 영역에 있어서는 뇌리에 강력히 남을 만큼 과하고 압도적이며 효과적이어야 한다는 것을 기억하자.

빌딩에 임차인이 몰려들 이유를 만들어라

5

임차인의 입장이 되어 보자

나의 고객 중 한 분의 사업 콘셉트는 피트니스 업계에 이제껏 없는 장르를 만들어 내는 것이었다. 직접 개발한 시스템 안에, 30년간 트레이너이자 인플루언서로 활동하면서 연예인부터 일반인까지 많은 분들의 생활과 신체구조를 접하며 얻게 된 인사이트와 데이터를 담아, 이를 기반으로 운동과 생활개선을 통해 직관적으로 몸의 변화를 인지할 수 있는 시스템을 만들어 냈고, 오프라인 공간을 통해 만들고자 하는 브랜드 콘셉트는 차근차근 장기 프로젝트로 몸을 변화시키고자 하는 고객님들을 모시는 것이었다. 연회비의 가격을 생각하면 적지 않은 금액이기에 오프라인 매장을 운영할 사업장은 당연히 여러가지 조건을 보지 않을 수 없었다.

사실 중개업에서 일하면서 만나는 대부분의 고객님들은 나에게 필요한 조건과 정보를 주실 때 '몇 평 이상, 금액대, 인테리어 또는 철거 여부, 권리금'을 말씀해 주신다. 그런데 나는 그 조건에 맞는 좋은 건물을 보내드리면서도 한 가지 조건을 더 찾아드린다. 바로 건물의 '외부' 조건이다. 즉 건물의 내적 컨디션이 아닌 건물의 외관 상태와 디자인, 건물이 위치하고 있는 골목의 분위기와 환경, 그리고 주변에 함께 공간을 채우고 있는 브랜드는 무엇이 있는지를 찾는 것이다. 앞서 긴 문장으로 나의 고객이 하고 있는 사업 내용을 적은 이유도, 사업 내용을 파악하는 것이 매수자의 건물을 찾는 데에 정말 중요한 키워드가 되기 때문이기도 하다. 사업의 특징을 매우 면밀히 검토해 보면 사업 키워드와 맞아떨어지는 어떤 이미지가 떠오른다. 가령, 이번 케이스에서는 창 밖으로 가로수나 공원이 보이는 곳이 떠올랐다. 최고급 퍼스널 트레이닝을 받는 고객이 지하로 내려올 리 만무했다. 따라서 나는 공원 뷰가 나오는 건물이나, 가로수가 잘 가꿔진 도로변 2~3층을 중심으로 서치를 시작했다.

이를 역으로 생각해 보면, 건물주의 입장에서 어떤 임차인을 들일 수 있는지, 어떤 건물 콘셉트를 가지고 브랜딩을 할 수 있는지 답을 알 수 있다. 매입하고자 하는 건물의 목적이 수익형 건물 중에서도 단정하고 오랫동안 임차인이 바뀌지 않는 학원 건물이라고 가정한다면 학원이 들어오기에 가장 좋은 조건을 먼저 생각해보아야 한다. 학교의 위치는 정말 특별한 경우를 제외하고는 변하지 않기 때문에, 학교에 다니는 학생들의 동선 안에 위치해야 할 것이다. 주변에 술집이나 고깃집 등 학업에 후각적, 시각적 청각적 자극이 되는 환경이 없어야 할 것이며, 학원생들의 라이딩 차량이 들고 나갈 수 있도록 도로가 확보되어야 할 것이다. 이러한 기본 조건을 갖춘 상태에서야 평형, 인테리어, 권리금 등 건물 내부로의 구체적인 이야기들을 풀어놓을 수 있게 된다. 따라서 사업 내용, 또는 건물의 콘셉트를 잡고 건물 매입을 고민하고 임장을 하는 것과 단순 수익률, 단순 입지만을 생각하고 건물 매입을 고민하는 것은 결과에 있어서 매우 큰 차이가 있게 된다.

나의 고객의 사례를 들어보려고 한다. 그는 강남 유명 빌딩 중개법인에 매수 의뢰를 한 후 중개인으로부터 이 건물은 학군의 중심 '대치동'이기 때문에 무조건 성공한다고 소개받고 대치동의 상가주택을 매입하였다.(당시 토지거래 허가구역이었기 때문에 고객은 주택분 취득세 중과를 받았음에도 불구하고 이후 주택 세입자를 모두 내보내고 상가로 용도변경을 하고 공실로 남겨둘 수밖에 없게 되었다. 이러한 세부적인 손해는 일단 생략하기로 한다.) 대치동이라는 행정상 주소지를 가지고 있었지만 사실 이 건물은 선릉역에 가까운 대치동이었다. 선릉역 이면에는 테헤란로의 높은 빌딩 사무소의 임직원들이 찾는 식당, 카페, 술집, 노래방 등의 업종으로 채워진 작고 촘촘한 상가들이 줄지어 자리잡고 있다. 이 곳의 행정동 역시 '대치동'이다. 나의 고객은 이 건물을 매입할 때 조금 의심을 하긴 했지만, 주변의 아파트 단지를 고려하여 단정하고 차분한 업종의 임차인을 맞을 수 있을 것이라는 희망을 가지고 매입한 것이다. 임차인으로 모시고자 했던 '학원'의 입장에서 한 번만 생각해 보았다면, 대치동 내에서는 비교적 적은 세대수를 가지고 있는 소규모 단지 아파트 단지를 위해 1층에 고기집이 있는 건물에 학원을 운영하지는 않았을 것이라는 결론이 나온다. 선릉역 이면이기 때문에 임차인을 식당으로 고려한다고 하여도 선릉역, 테헤란로의 직원들이 막간의 시간을 이용해 찾아오기에는 또 만만찮은 거리가 있는 곳이기도 했다. 결국 원하는 업종으로 채워지지 않은 채 공실로 매달 3,600만 원의 이자를 내고 있던 고객은 빌딩 브랜딩을 통해 이 공간을 정말로 필요로 하는 사업자를 찾아가고 있으며, 이를 위해 특색 있는 디자인과 네이밍을 함께 고민하고 있다. '강남불패', '입지깡패'라는 말이 회자되던 시절이 있었지만, 지금 강남 빌딩의 가격은 상당히 많이 올랐고, 좋은 입지의 건물을 매입하기에는 적지 않은 현금과 금융이 동원되어야 한다. 내가 마음속에 두고 있거나 후보로 생각하고 있는 건물이 어떤 사람들에게 필요한지를 반드시 생각해보고, 그들을 위한 빌딩으로 조건을 갖추어 나가는 역발상이 필요하다. 그렇게 브랜딩 된 건물은 경쟁력에 있어서도 쉽게 흔들리지 않을 것이며, 그 존재를 오랫동안 인정받을 수 있을 것이다.

디자인, 어렵지 않아요!

다시 앞의 케이스로 돌아가서, 오프라인 피트니스 센터 프로젝트에서 우리가 찾은 공간은 청담동 명품거리 대로변에 리모델링 된 건물이었다. 이 건물은 청담동 명품 거리의 한 블럭 중에서도 코너에 위치하여 매우 가시성이 좋았다. 주변의 명품 브랜드 건물은 저마다의 브랜드 히스토리에 맞게 매우 잘 리모델링되어 있었기에, 그 가운데 허름하거나 정돈되지 않은 건물이 있다면 아무래도 눈에 띌 수밖에 없었다. 그런데 이 건물은 97년도에 지어졌음에도 그다지 이질적이지 않았다. 내 눈길을 사로잡은 이 건물의 히스토리를 살펴보기로 했다. 건물을 방문해 보니 10여 년 전 리모델링을 통해 외관을 특색 있게 공사해 두었다. 거리뷰를 통해 살펴보면 그 차이가 정말 대단했다. 코너 건물로서의 가시성을 극대화시킬 수 있는 밝고 환한 외관에, 바르셀로나의 건물을 연상하게 하는 곡선의 콘셉트는 명품 거리가 형성되기 전, 그 시절로서는 굉장히 많은 공을 들였을 법한 건물임에 틀림없었다. 14년 전 리모델링을 하지 않았다면 아무리 대로변 코너에 있는 건물일지라도 97년 그대로의 외관으로는 지금의 임차인을 만나지 못했을 법하다. 현 임차 업종은 6성급 호텔 브랜드 홍보관, 피부과, 성형외과, 주얼리 브랜드 등이었다.

이 건물은 나의 고객이 원하는 디자인과, 지역의 분위기, 그리고 같은 건물의 다른 임차 업종과의 시너지까지 모두 담을 수 있었다.

부동산 사업가로서, 그리고 건물 매입을 준비하는 입장에서는 이 모든 고민을 임차인보다 더 치열하게 다루어 나가야 한다. 내가 만난 고객 대부분은 건물의 디자인이라는 것을 전문가의 영역으로만 남겨 둘 뿐이었다. 그저 예쁘거나 담백하거나 고급스럽다 정도의 형용사로 원하는 디자인을 정해놓긴 하지만 구체적으로 어떤 디자인으로 어떻게 나의 빌딩을 브랜딩 할 것인지에 대해 깊은 고민을 남겨두지 않는다. 물론 건축물에 새로운 옷을 입힌다는 것은 건축가의 전문성이 분명히 필요한 분야임은 맞다. 그러나 기본적인 콘셉트는 건축가보다도 건축주의 가슴과 머리에서 나와야 한다고 생각한다. 그 지역에 대해 누구보다 가장 잘 알고 있고, 건물에 가장 애정을 가지고 있으며, 어떤 업종에 어울리는 건물이 될 것인지가 건물 디자인의 출발점이 된다. DDP 동대문 디지털 프라자는 건축가 선정 단계부터 해외 유수의 거장들의 참여로 기대를 하였지만, 현 시점에서의 평가는 그다지 호의적이지 않다. 건물 내부의 곡선 마감을 완벽히 이해하고 구현할 수 있는 공간도 아니었기에 외관에 비해 평범한 실내 인테리어는 실망스러울 수밖에 없었고, 한국, 그리고 서울, 그 중에서도 동대문이라는 역사적 의미를 완벽하게 입혀낼 수 있는 건축가는 해외보다는 국내에서 더 만나기 쉬웠을 것이라는 아쉬움도 있다. 삼성역에 있는 현대 아이파크의 사옥 역시 당시 해외 건축가의 이름으로 기대를 받았지만, 한국인의 정서에 붉은 원과 욱일기처럼 느껴지는 빨간 선들은 그다지 사랑받지 못하는 디자인이 되었다. 이처럼 세계의 거장도 그 지역과 감성을 잘 읽어내지 못하면 디자인적으로 호응을 받지 못한다. 건물의 디자인은 부동산 사업에 있어 가장 중요한 핵심이다. 따라서 디자인적 강점을 최대한 찾아서 구현할 수 있도록 그 안의 중심에는 건축주의 심도있는 지역에 대한 이해와 참여가 필요하다.

디자인은
입지를 뛰어넘는다

6

과하거나 단순하거나

힘 있는 공간에는 몇 가지 공통점이 있다. 머물거나 지나가는 공간 속에서도 의미를 찾을 수 있는 요소가 있다는 점이다. 건축 자재의 변화와 함께 여러 자재를 통해 이미지를 구현하는 기술이 정말 빠르게 발전하고 있음을 매일 느낀다. 자고 일어나면 무림의 고수들이 새로운 자재를 가지고 새로운 예술을 만들어내는 것을 나는 현장에서 목격한다. 그러나 이런 고급 건축 기술들 속에서도 몇 가지 패턴을 놓치면 눈에 들어오거나 가슴에 남겨지지 않는 평범한 공간으로 지나쳐지는 것이 현실이기도 하다.

내가 생각하는 눈에 띄는 공간은 과함 또는 단순함이라는 패턴이 있었다. 가령 과함에는 정말 숨이 막힐 정도로 촘촘하고 대단한 느낌의 과함이었다. 코엑스의 별마당 도서관을 떠올려보면 좋을 것 같다. 디지털 시대에, 그것도 서울 강남 삼성동의 코엑스 안에 '책'이라는 주제로 사람을 모으는 공간을 기획한 것부터 용감했다. 과하지 않으면 그저 그런 공간으로 남을 수밖에 없는 것 아니었을까. 우리가 드나드는 구청 또는 지역 북카페에서도 책을 주제로 다양한 공간들을 선보이고 있었을지 모른다. 하지만 우리가 그 공간을 기억하지 못하는 이유, 찾아가지 않는 이유는 공간에 대한 기획이 부족했기 때문이다. 바꿔 말하면 조금 덜 과했기 때문이라고 생각한다.

별마당 도서관에는 손에 닿지 않을 곳까지 오버해서 책꽂이를 짜서 책을 전시해 놓았다. 지하 공간인 코엑스 안에서 가장 층고가 높은 곳을 도서관이라는 콘셉트로 기획하고, 2~3개 층의 층고에 달하는 높이의 책장을 배치하고 실제로 판매하거나 대여가 되는 책들을 압도적으로 배치한 것만으로 구불구불한 코엑스 상점들을 지나다니던 고객들의 발길을 멈추게 하였다. 이 공간을 기억하는 사람들은 일부러 책을 읽고 전시를 보러 찾아오기도 하고, 그 평범하지 않은 배경 앞에서 사진이나 영상 콘텐츠를 만들기도 한다. 이 공간은 단지 서점 또는 도서관의 이미지를 현저히 벗어났다. '공간' 그 자체를 그대로 즐길 수 있는 '새로운 공간'이 되었다. 이 곳이 그저 도서관이라는 이름만큼만 디자인된 일자로 배열된 책장들 사이로 손수레를 끌고다니는 일반 대학도서관의 모습이었다면 사람들이 일부러 찾아와 즐기는 공간이 될 수 없었을 것이다. 일상 속에서는 쉽게 경험하지 못하는 압도적인 과함이 '차이'를 만들어 냈고, 이 차이점 때문에 사람들은 이 공간을 특별한 경험으로 인식하게 된다. 삼성 코엑스의 별마당 도서관 기획은 정말 성공적이었다. 그 성공을 이어 수원 스타필드에도 별마당 도서관 2호점이 생겼고, 이곳도 압도적으로 책으로 채워진 공간으로 구현했다. 이 과한 공간을 즐기기 위해 얼마나 많은 사람들이 책을 찾아 올지. 과함에서 오는 특별함은 언제나 기대 이상의 경험을 가져다 준다.

춘풍양조장이라는 곳을 알고 있는가. 이 곳을 검색해 보면 대부분의 사람들은 막걸리 그 자체에 대한 경험보다는 해당 건물의 디자인에 대한 포스팅에 집중한다. 공간기획에 있어 디자인이 매우 중요한 이유이다. 막걸릿집을 검색하는데 막걸리의 맛, 막걸리의 가격이 아니라 막걸릿집의 인테리어가 먼저 노출된다니 말이다. 디자인이 주는 경험은 이처럼 실로 막대한 것이다. 이번 케이스에서도 막걸리에서 떠올리는 허름하거나 전통적인 느낌에서 벗어나, 기획과 브랜딩을 통해 사람들이 환호하는 공간을 만들어 냈다. 상업부동산의 콘텐츠는 매우 풍요로워지고 있음에 틀림없다.

춘풍양조장에는 막걸리병으로 과하게 촘촘히 엮어 만든 조형물이 있다. 그리고 보통 다른 매장이라면 고객에게 내어주는 가장 좋은 자리인 1층 홀 자리에는 공간을 가득 매운 양조실이 있다. 맥심플란트나 다른 대형 카페에서도 보통 로스팅 기계를 콘셉트로 전시한 곳이 있지만 대부분 지하공간을 이용하였다. 1층은 오롯이 손님을 맞이하는 공간이어야 했다. 그런데 춘풍양조장에서 1층에 양조장을 선보인 것은 다른 층에서 고객을 만족시킬 만한 대단한 기획이 있었기 때문이었다. 이곳에서는 막걸리가 발효되고 있는 모습을 직관적으로 거품의 이미지로 형상화하면서 매우 몽환적인 분위기를 느낄 수 있다. 머리가 닿을 만큼, 피부에 느껴질 만큼 가까이 인테리어 소품인 거품을 만난다. 이 인테리어가 있었기에 '막걸리'라는 장르의 술은 전통주 그 이상의 브랜드가 될 수 있는 것이다. 이곳을 찾은 사람들은 전통주인 막걸리를 본격적으로 마시기 위해서 온 것이라고만 생각하지 않는다. 디자인을 경험하고 싶고, 공유하고 싶은 것이다.

춘풍양조장

수많은 브랜드 속에서 고객에게 가장 강력하고 효과적으로 브랜드를 알릴 수 있는 요소, 디자인이다. 건물에 있어서도 수많은 건물 속에서 나의 건물이 가치 있는 이유를 만들어 내는 것이 부동산 사업의 핵심인 만큼 어떤 특정 콘셉트와 디자인을 통해 상업공간을 기억할 만한 공간으로 만들어 내는 전략이 필요하다.

가령 자연을 콘셉트로 건물을 짓는다면 정말 과감하게 각 층마다 테라스 공간을 만들고 이 테라스에서 볼 수 있는 뷰가 모든 층에서 초록색이 되어야 한다. 수직정원을 연상하게 하는 정도의 식물로 건물을 눈에 띄게 만들어야 한다. 그렇게 해야 자연이라는 콘텐츠를 소비하려고 하는 브랜드와 고객이 찾아올 것이고, 그렇게 만들어진 트래픽이 건물의 가치를 올려주었다고 볼 수 있게 된다. 다시 한번 강조하지만 그냥 그런 화분 몇개로는 브랜딩의 효과를 절대 기대할 수 없다.

같은 이치로 과함이 아닌 단순함, 미니멀리즘을 콘셉트로 잡았다면 정말 극단적으로 단순할 것을 제안한다. 이는 건물 외관, 인테리어에 국한하지 않는다. 손잡이, 주차장, 심지어 조경에 이르기까지 건물을 구성하는 모든 소품이 포함된다. 그 어느 곳 하나 군더더기가 없어야 한다. 모든 콘셉트가 심플해야 한다. 의자 또는 테이블마저도 가구로서 존재하면 콘셉트를 유지할 수 없다. 의자를 표현하려 한다면 건물 바닥 어딘가에서 솟아나온 오브제여야 할 수도 있다. 그래서 극단적인 단조로움은 오히려 과함보다도 더 표현하기 어렵다. 생각보다 많은 건물, 많은 상업공간에서 미니멀리즘 인테리어를 구현하고 있지만, 소비자는 실제로 그 공간을 단순하다고 느끼지 않는 경우가 많다. 어디서나 볼 수 있는 카운터, 쓰레기통, 물컵 등이 있는 공간에서 물건 몇 개 뺐다고 고객이 미니멀리즘을 즐기러 오지는 않는다. 모든 소품과 가구들이 생략되고 오로지 면과 선으로 표현되었을 때에 사람들은 이 공간을 다르다고 느끼고, 사진 찍고 공유할 만하다고 느끼게 되는 것이다.

이러한 미니멀리즘을 건축물로 잘 구현한 느낌의 카페가 있다. 속초 울산바위를 바라보고 있는 카페, '긷'. 카페 긷의 미니멀리즘은 건축물의 전체 콘셉트를 관통하고 있다. 건물과 소통하며 사색할 수 있고, 언제라도 자연 속의 거센 바람을 만날 수 있는 곳이다. 거센 바람이 부는 곳은 일부러 바람을 막지 않았다. 대문을 활짝 열고 이곳의 입구를 알리는 대신 건물의 모든 요소를 한 번 더 바라볼 수 있도록 미로를 만들어 놓은 곳이다.

이곳은 테이블과 의자가 건축물과 붙어 있다. 바닥에서 솟아나온 듯한 커다란 돌맹이가 이곳의 테이블이다. 나무토막을 널어놓은 듯한 무엇인가가 이곳의 의자이다. 등받이가 없기 때문에 의자를 대하는 순간 어느 곳을 향해 앉느냐를 선택한다. 이를 통해 보고 싶은 뷰를 직접 선택하는 경험을 하게 된다. 삭막한 연못에 삭막한 담장이 있고, 바람을 막아주지 않는 바람계단이 있다. 아무것도 심어놓지 않은 넓은 정원도 있다. 이곳의 미니멀리즘을 통해 고객은 아무것도 없는 곳에서 많은 경험을 할 수 있게 된다. 조금 더 자연에 집중할 수 있게 된다. 단순함을 의도하고 기획한다면 철저히 계산된 단순함이어야 한다. 그래야만 겨우겨우 공간의 단순함이라는 특성을 찾아낼 수 있게 된다.

카페 긴

주차장은
빌딩 임대 사업의 기본이다

7

친절한 건물이 되려면 주차장은 기본입니다

상가나 사무실 임대차 광고를 보다 보면 너무나도 당당하게 '주차 불가'라는 문구가 보이는 건물이 있다. 주거공간도 아닌 사업을 하는 공간에서 주차가 되지 않는데도 월세가 더 적거나 관리비를 덜 받지도 않는다. 그렇다고 주차가 가능한 공영주차장이나 다른 민간 주차장에 대한 안내조차 되어 있지 않다. 나는 이런 건물을 '불친절한 건물'이라고 표현한다. 이사를 하든, 인테리어를 하든, 어느 건물에서 사업을 시작하고자 할 때 첫 스타트는 주차에서 시작된다. 주차가 쉽지 않은 곳에서는 사업의 시작 단계부터 너무나 많은 제약이 있다. 내가 처음 중개사무소를 시작한 성수동 성덕정길, 내가 이곳에 사무실을 얻을 때 고려했던 것은 여러 조건들 중에서도 주차였다. 성수동은 재개발 투자 전문 중개인인 공동 대표에게는 성수동 성수전략정비구역과 한남뉴타운을 겨냥하는 투자 수요가 있었고 건축, 인테리어 디자인, 브랜딩을 하면서도 동시에 빌딩 전문 중개인인 나에게는 성수동과 한남동의 힙한 감성과 리모델링 수요, 건물 매매 수요가 있는 곳이었다. 하지만 성수동은 그 자체로 교통, 주차 요건이 정말 열악한 지역이기도 했다.

성수동 중에서도 성수역이나 성수동 카페골목을 제쳐두고 나는 과감하게 성덕정길 공영주차장 바로 앞 건물을 선택했다. 주차장 때문이었다. 성수동, 그 중에서도 재개발 투자 수요가 많은 성수전략정비구역은 대중교통 이용이 아주 어려운 곳이다. 게다가 70년대에 지어진 재개발 지역의 건물들에는 필요한 만큼의 주차장이 마련되어 있지 않았다. 이런 곳에서 사업을 하려면 무조건 유료 또는 공영주차장 인근으로 갈 수밖에 없다. 이 조건은 소비자 또는 수요자에게도 마찬가지였다. 자체 주차장이 확보된 건물은 단연 가장 인기가 높은 건물이 될 수밖에 없다. 사업을 하는 사람에게는 주차장이 잘 마련되어 있어 손님과 고객이 나의 사업을 찾는 것에 대해 거부감이 없어진다는 조건은 임대료가 몇십만 원 더 높은 것보다 더 좋은 조건으로 보기 때문이다. 나 역시 주차장을 확보하여 고객의 불편을 덜어주는 것을 택했다.

내가 성덕정길에서 공영주차장 앞에 사무소를 개업한 것은 매우 좋은 선택이었다. 성수전략정비구역을 임장하기 위해, 또는 성수 카페골목에서 사업을 하기 위해 성수동을 찾아오는 많은 사람들은 성수 공영주차장에 주차를 하고, 가장 먼저 나의 사무실로 찾아왔다. 나는 너무 감사하게도 손님들에게 성수동 부동산중개소 중에서 가장 처음으로 만나는 부동산중개소 사장이 될 수 있었다. 뿐만 아니라 성수동 주민들에게도 거주자우선배정 주차장으로 이용되는 곳이기에 출근길 혹은 퇴근길에 가장 쉽게 만날 수 있는 부동산 중개사무소로 이름이 나게 되었다. 사실 성수동 사무소가 인기가 많아진 것은 그 유명한 미스터카멜, 카멜 커피의 1호점이 우리 사무실 앞 공영주차장 옆에 들어온 것도 큰 몫을 했다. 인플루언서와 이웃이 된 것을 부동산 사업에서 말하는 운의 영역으로 보는 사람들도 있지만, 나는 공영주차장이라는 중요한 구심점을 중심으로 제대로 사업을 할 줄 아는 사람들이 모인 것으로 본다. 카멜 대표도 분명 자고로 사업이 잘되는 자리란 손님이 오시기 좋은 곳, 즉 주차 조건이 좋아야 한다는 기본적인 사업의 룰을 가지고 찾아오셨으리라.

흔히 하는 말로 '돈이 들어오는 부동산 자리'라는 말이 있다. 운이 좋고 복이 많은 자리라는 심오한 의미처럼 들린다. 그런데 생각보다 부동산 자리는 운과는 거리가 멀다. 오히려 부동산을 고르는 실력에 가깝다. 꽤 상식적인 선에서 생각해도 잘되는 자리는 사람들이 좋아할 수밖에 없는 조건을 가지고 있기 때문에 돈이 들어오는 부동산 자리가 되는 것이다.

나는 나의 두 번째 중개사무소인 한남동 사무소 스탠다드 리퍼블릭을 오픈할 때도 한남뉴타운 투자수요, 이태원 상권, 고급주택 상권을 분석하고, 빌딩 브랜딩을 하기에 너무나도 아름답고 특색 있는 빌딩이 많은 동빙고동을 가장 먼저 후보에 두었다. 그리고 아름다운 동빙고동의 건물 중에서도 가장 주차하기 편한 건물을 선택했다. 건물 주차장이 직원과 손님들의 차로 꽉 찰 때는 20미터 앞에 있는 특급 호텔 발레파킹 서비스를 이용할 수 있도록 하였다. 나의 주차장 기준은 꽤나 꼼꼼하고 까다로운 편이다. 때문에 나에게 상가임차나 건물 매수 의뢰를 해 주신 고객님들을 위해서 나는 직접 여러 종류의 차를 타고 주차를 해보고, 고객의 입장에서 주차 조건을 보았을 때 갈 만한 곳인지 아닌지를 체크한다. 최근 나는 프리미엄 체형 교정, 재활 서비스를 제공하는 인플루언서 고객으로부터 VIP전용 케어 라운지 임차를 의뢰받았다. 사업 내용을 자세히 들어보니 서비스를 이용하는 주 고객들은 몸의 움직임에 불편함을 느끼는 분들이 많은 것 같았다. 이 사업을 위한 건물을 찾으면서 나는 가장 먼저 주차를 떠올렸다. '몸이 불편하고 아파서 오시는 프리미엄 고객들이 과연 주차에 많은 에너지를 쓸 수 있을까?'라는 질문에서 시작했다. 그런데 나에게 중개를 의뢰한 대표가 다른 곳에서 받아온 매물은 아이러니하게도 지하에 위치했다. 허리가 아프고 무릎이 아파 찾아오는 재활 케어 센터인데, 계단을 내려가 힘겹게 서비스를 받아야 한다는 것은 있을 수 없는 일이었다. 게다가 그 건물들은 모두 주차장 이용이 어려운 조건이기도 했다. 나는 과감하게 추천 받았던 매물들을 모두 기억에서 지우고 처음부터 다시 찾아보기를 권했다.

체형교정센터의 입지조건을 만족하는 곳에서 주차이용이 자유롭고 발레 주차 서비스를 이용할 수 있는 건물은 단 2개 뿐이었다. 나는 그 두 건물의 건물 소유주에게 미리 임차인이 있으니 향후 계약기간이 끝나서 새로운 임차인을 받을 계획이 있을 때

연락을 달라고 말씀드려 놓았다. 얼마 후 연락을 받았고, 가장 좋은 입지 조건을 가진 그 건물에서 나의 고객은 바로 사업을 시작할 수 있었다. 주차가 잘 되는 건물이라는 것은 사업주가 고객에게 베풀 수 있는 첫 번째 친절이자 첫 번째 인상이다. 같은 이유로 주차관리인의 친절, 주차장의 청결은 주차장의 주차환경만큼이나 중요한 조건이기도 하다. 사무실이나 사옥일 경우 아침 출근길을 나설 때 하루의 기운을 주차에서 다 쏟지 않아도 되는 그런 건물을 찾는 것이 매우 중요하다는 꼭 기억해야 한다. 하루를 무난하게 시작하고 에너지를 일에 집중할 수 있는 곳, 그런 곳에서 일이 잘 되고, 그래서 그 터가 좋더라, 그곳이 운이 좋더라, 기운이 좋더라는 소문이 나는 것이다.

빌딩 투자에 있어 주차 여부는 선택의 문제가 아니다. 엘리베이터는 리모델링을 통해 공사할 수 있지만 주차장이 없는 문제는 대체로 건물 자체적으로 해결되지 않는 경우가 많이 있다. 나의 경우 주차가 불편한 건물은 신축부지로서만 검토하고 상업용 건물로서는 전혀 매력이 없다고 판단하고 있다. 주차장이 부족하거나 없는 건물은 일정 수준 이상의 임대료 인상이 어렵다. 나는 이태원, 홍대, 청담동도 발레 주차가 되는 경우에만 임차인 또는 매수인을 소개하고 있다. 불편함을 감수하는 것은 건물주가 판단하는 영역이 아니다. 부동산 사업을 하는 입장에서 임차인은 부동산 사업의 파트너이자 거래처로서 생각해야 한다. 그들이 사업을 하기에 정말 괜찮은 건물이어야 한다는 것을 꼭 기억해야 한다.

주차장이 없어도 되는 곳은 걸어올 만한 이유가 있는 곳뿐이다

인생의 경조사 중에서도 혼인이라는 예식은 가장 많은 분들의 축하와 격려를 받는 자리이기도 하다. '예식장'은 특정 시간에 사람이 아주 많이 모이는 장소에 속한다. 예식장과 비슷한 특성을 가진 시설은 대부분 주차서비스를 아무리 잘 해놓고 주차 시설을 잘 만들어 놓아도, 막상 그 시간에 시설을 이용하는 사람들은 주차장 때문에 오랜 시간을 기다리는 불편을 겪기도 한다. 추가적인 주차시설을 확보하지 않는 이상 쉽게 해결되지 않는 문제이다. 이런 문제는 교회에서도 비슷하게 일어난다. 내가 다니는 교회에서는 일정 시간에 많은 사람이 모이는 예배의 특성상 교회에서 원하는 자리에 주차를 하는 것은 아주 운이 좋을 때를 제외하고는 늘 불가능에 가까운 미션이었다. 차를 가지고 교회에 가고 싶었지만 주차는 할 수 없는 상황. 그렇다고 교회 주변 아파트나 길가에 주차를 하여 주민들을 불편하게 하고 싶지는 않았다. 교회 옆에는 임시 주차장으로 쓰던 공터가 있었고 나는 그곳에 커다란 주차장이 들어왔으면 좋겠다고 늘 생각해 왔다.

얼마 후 그 공터에 공사가 시작되었다. 당연히 주차장이 생길 것이라 생각했다. 그런데 교회에서는 그곳을 주차장 대신 공원으로 만들었다. 정말 의외였다. 왜 그런 선택을 했을까 의아했다. 그러던 어느 날씨가 좋았던 날, 나는 교회에서 용무가 끝난 후 대중교통을 타기 위해 나가면서 그 공원을 걸어보았다. 그 경험이 너무 좋았다. 그날 이후 나는 교회 앞 공원을 즐기고 싶어서 차를 놓고 대중교통을 이용하게 되었다. 주차 시간에 쫓겨 서둘러 집으로 돌아가는 대신, 천천히 걸어보며 계절의 바뀜을 느껴보기로 했다. 차 없이 가야만 온전히 즐길 수 있는 자유가 좋았다.

교회의 공원 공사는, 모든 사람들을 만족시킬 수 있는 주차시설을 만들지 못한다면, 걸어올 만한 이유라도 있어야 한다는 나의 투자 조건에 확신을 주었다. 뉴욕의 맨해튼은 서울 만큼이나 주차가 어려운 도시로 유명하다. 뉴욕의 택시, 옐로우캡은 자가용보다 택시를 이용하는 것이 더 나은 뉴욕 생활의 단면을 보여준다. 이런 도시에서도 도시의 절반을 주차장이 아닌 공원으로 만들었고, 하이라인 파크로도 알려진 공중정원을 만들어 냈다. 도시의 생태계에서 공원 녹지가 어느 정도 필요한지, 어떤 도시 브랜딩이 가능한지에 대해 논하고자 하는 것이 아니다. 적어도 주차장이 없는 불편한 장소에서는 걸어올 만한 적당한 이유가 있어야 불편함을 고되다고 느끼지 않을 수 있다는 것을 이야기하고 싶었다. 나의 건물에 주차장이 부족하다면, 반드시 멈춰서 보고 경험해볼 만한 특별함이 필요하다. 주차장이 있는 건물과 경쟁을 해도 손색이 없을 만한 콘텐츠가 반드시 있어야 한다.

100억 이상의 가치!
나만의 임장 스토리 만들기

8

공간브랜딩의 개념부터 시작하여 빌딩 브랜딩으로 완성하기까지의 기록

모텔을 호텔로 인식하게 하는 것도, 펜션을 스테이로 인식하게 하는 것도 기획과 디자인에서 시작한다. 디자인부터 접근하면 땅의 모양도, 땅의 용도도 더 다양한 각도로 펼쳐볼 수 있기 때문이다. 관광호텔도 디자인에서 접근하면 용도와 쓰임에 대한 무한한 상상력이 가능해진다. 나는 부동산을 사업으로 접근하는데 있어, 입지에서 시작하고 입지에서 끝나는 시장이 이미 어느 정도 기능을 다했다고 보고 있다. 우리의 손에 스마트폰이 잡힌 순간부터 편의에 의해 공간을 소비하는 시대는 끝났다. 20년 전 온라인 교육이 시작되면서 노량진 재수학원은 간판을 바꾼 지 오래되었다. 지방에서 상경하여 재수학원에 등록하던 시절은 그 시절의 추억으로 특정 세대에서나 기억하는 이야깃거리가 되어 버렸다. 대치동 학원가처럼 어느 정도 상징성이 있는 거리로 브랜딩이 되어도, 대치동이라는 입지만으로 성공할 수 있는 확률은 앞으로 더욱 더 낮아질 것이다. 우리가 카카오뱅크라는 온라인 은행을 손에 쥐게 된 그날부터, 아니 어쩌면 훨씬 전부터, 우리가 알고 있는 시중 오프라인 은행은 2층으로, 3층으로 밀려 올라가다가 지점 통폐합으로 규모를 줄이고 있다. 패션 브랜드도 온라인매장으로 판매가 가능한 시점에서는 오프라인매장을 줄이고 있는 것이 전 세계적 추세이다. 잘 생각해보면, 우리가 오프라인에서 재화를 사고 파는 행위는 '경험할 만한 가치가 있을 때'라는 전제가 깔려있지 않은가. 우리가 이케아라는 공간을 찾아가는 것은 이케아라는 특유의 공간 경험이 새롭고 즐겁기 때문일 것이다. 가족이 새로운 가족을 맞이하기 위해, 혹은 독립을 위해, 어떤 이유를 가지고 스스로 자신의 공간을 꾸미기 위해 가구를 직접 조립하고 만드는 '특별한' 경험을 강조했기 때문에 우리는 그 공간이 즐겁다고 느끼고, 그 불편함이 추억으로 남는 것이다. 시각적으로 압도되는 이케아의 큰 창고 어딘가를 뒤적이며 가족들과 하루를 보낸 날을 잊지 못하도록 기획되고 설계된 공간 속을 우리는 누비게 된다.

스마트폰과 노트북 안에서 해결 가능한 모든 업종을 제외하고, 재택근무로 대체될 수 있는 사무직도 제외하면 내가 타깃으로 하는 빌딩이 어떤 콘셉트를 가지고 어떤 존재감을 가져야 할지 예상할 수 있게 된다. 너무나도 빠르게 변하는 세상 속에서 그동안의 임차인이 계속 사업을 이어가고, 계속 임대료를 낼 수 있을 것이라 기대하는 것 또한 너무 순수한 생각이다. 그렇기 때문에 빌딩 투자를 계획하고 있다면, 공간 브랜딩이라는 개념에서 시작하여 빌딩 브랜딩으로 들어가야 한다.

타깃으로 하는 지역에서 예산과 목적에 맞는 샘플빌딩을 찾았다면 그 공간에서 가장 잘 어울릴 수 있는 건물의 외관 디자인에 대한 기획도 머릿속에 그려져 있어야 한다. 나는 내가 타깃으로 하는 지역에서 샘플 빌딩을 쿠웨이트 대사관 건물로 정하고 있다. 지역의 분위기에 맞는 건물 외관 디자인에, 시각적으로 압도적인 출입구 디자인, 타깃으로 하는 대사관 렌트 수익을 고려하여 보안이 철저한 건물로 설계한 점. 게다가 대로변 입지가 아님에도 불구하고 총 4개의 도로에서 완전히 가시성이 확보되어 디자인적 요소가 묻히지 않고 그 존재감을 드러낼 수 있다는 분석이 있었기 때문이다. 게다가 건물이 도로 2개를 언덕을 두고 끼고 있기 때문에 공부상 지하층도 완전히 도로에서 노출되는 1층, 2층의 쓰임을 지닐 수 있는 흔치 않은 입지를 가지고 있다. 내가 타깃으로 하는 임차인은 갤러리와 프라이빗 피트니스 업종이다. 나는 내가 타깃으로 하는 업종이 가지고 있는 주차 조건, 입지 조건을 3년이 넘게 스크랩 하고 있으며, 기회가 될 때마다 인테리어를 확인하기 위해 직접 들어가 본다. 거의 매일 빌딩을 눈과 핸드폰에 담아가고 있으며, 운전을 하며 지날 때나, 길을 걸을 때, 습관처럼 인스타그램을 둘러보는 순간까지도, 눈에 들어오는 디자인은 반드시 스크랩한다. 이렇게 수년간 건물과 디자인에 매료되어 보니, 놀랍게도 사람들이 인스타그램에서 담고 싶어 하는 공간이 가지고 있는 특정 법칙을 찾게 되었다. **가시**

성, 압도적인 공간감, 그리고 자연과의 조화. 이처럼 절대 실패하지 않는 디자인적 요소의 연출이 가능한 건물은 대로변에 있건 뒷골목에 있건 사람들의 시선을 사로잡았다. 많은 브랜드에서 입점 제안이 들어오고, 많은 브랜드에서 건물을 감싸는 리모델링을 제안한다. 바로 이런 연출이 가능한 건물이 나의 타깃 건물이 되고 빌딩 브랜딩이 된다.

내가 타깃으로 하는 건물의 조건은 청담동 명품거리 대로변에서 볼 수 있는 건물의 조건과도 놀랍도록 일치한다. 그런데 내가 목표로 하는 부동산 투자의 성과는 한남동에서도 실현이 가능하다. 입지를 극복하는 디자인이 가능하다는 전제하에서 내려진 결론이다. 만약 내가 한남동에서 나의 샘플 부동산과 같은 조건의 빌딩 매물을 매입하여 리모델링 하고, 콘셉트에 맞는 임대계약을 할 수 있다면, 나는 100억 이상의 금액을 덜 투입하고도 10년 이내의 수익은 어느 정도 비슷하게 맞출 수 있는 사업 조건을 확보하게 된다. 존재의 가치를 인정받는 부동산 투자를 목표로 한다면 완전히 새로운 시각으로 부동산을 바라보아야 한다.

빌딩투자, 부동산 기업처럼 접근해야 한다

건물을 매입하는 대부분의 고객들은 직장 또는 사업을 하면서, 부동산 투자를 통해 자산을 묻어 두는 것, 부수적 수입, 혹은 부업의 개념 등으로 접근한다. 부동산 사업만을 전문적으로 하는 기업보다 개인 투자자의 투자 시야가 좁고 관리의 어려움을 토로하기도 하는 가장 큰 맹점이 되는 부분이다. 나는 부동산 일을 하면서도 아직도 접해 보지 못한 많은 건물들을 보면 심리적 부담을 느끼기까지 한다. 저 많은 건물들의 속사정을 알아보고 싶은 호기심이 밀려온다. 맨 처음 이 부동산을 기획한 사람이 살았던 시대에서는 어떤 목표를 가지고 지어졌을까, 어떤 사연으로 매매가 되었을까, 또 매입한 사람은 어떤 매력 때문에 그 많은 건물 중에서도 이 건물에 인연이 되었을까. 지금 이 건물의 디자인 콘셉트는 어느 사무소에서 설계한 것일까, 이 디자인은 어떤 고객을 타깃팅 해서 이렇게 지은 것일까? 아니면 건축주의 지극히 개인적인 취향에 따른 것일까.

운의 영역이라 생각할 수도 있는 부동산에도 깊이 들어가 보면 모두 다 사정이 있고, 모두 다 스토리를 가지고 있기 마련이다. 부동산 투자를 전문적으로 하는 기업들은 생각보다 많은 정보를 가지고 움직인다. 그들은 과거부터 지금까지의 부동산 자산이 변동되는 다양한 요소에 대한 깊은 이해도를 가지고 부동산을 분석하고 있으며 전문가를 통해 다양한 데이터에 기반해 수치로 입증되는 결과물에 따라 투입되는 자금을 움직인다. 개인 투자자들이 상당 부분 '운'이라고 생각하는 부동산 투자는, 사실은 사업목표, 사업기획, 사업성과로 이어지는 사업적 결과물이자, '실력'의 영역이 꽤 작용하는 영역인 것이다. 이런 부동산 자산운용사, 부동산 기업에서도 최근 건축 디자인, 공간 디자인을 담당하는 팀을 따로 투입하거나 신설하고 있다. 돈과 숫자로만 움직일 것 같았던 부동산 업계에 정말 대단히 고무적인 변화가 아닐 수 없다. 업계 10위권 내의 많은 부동산 자산운용사에서 '부동산과 그 공간의 디자인에 대한 투자와 기획에 집중하고 있다는 것'은 공간을 기획하고 디자인하여 더 많은 가치를 창출할 수 있다는 것을 입증한다. 이로써 일반적인 부동산 중개를 넘어, 공간 기획 서비스를 통해 고객의 신뢰를 얻고 성장해 왔던 나와 나의 회사(스탠다드 리퍼블릭)에 있어서도 그동안 우리 회사의 사업 방향이 업계에서 한 발 앞서 가고 있었음을 확인할 수 있었다. 나에게는 이제 길에서 만나는 빌딩이 예술품처럼 느껴지고, 그 공간에 대한 깊은 사색으로 마음을 채울 수 있는 날이 기다려진다. 유럽의 어느 거리처럼 우리가 사는 이 거리와 이 공간들이 비현실적일 정도로 아름다울 수 있는 시간이 그려진다.

빌딩 매수를 시작할 때 임장의 단계에서부터 공간과 디자인의 이해도를 충분히 갖춘다면 부동산 사업을 전문적으로 하는 기업의 시각을 어느 정도 따라잡고 시작할 수 있다. 정말로 진실로 단순한 수익률 계산과 입지에 매몰되어 있는 개인 투자자의 시각에서 35배 이상 넓혀져야만 한다. 정말로 진심으로 많은 빌딩을 직접 만나보고 경험해 보고 연구해 보아야만 한다. 부동산 사업이 나의 본업이라면 응당 해야만 하는 사업적 노력으로 접근해야 한다. 빌딩, 어디까지 가보았는지, 어디까지 눈에 담아보았는지, 그리고 나의 감각은 어느 정도 끌어 올라왔는지에 대한 객관적 평가를 해보아야 한다. 100억 이상의 차이를 낼 수 있는 부동산 투자 실력은 '운'의 영역이 아니다.

ЛОЗОВА
Первомайський
Близнюки
Садове
Смирнівка
Миронівка
Закутнівка
Плисове
Дмитрівка
Орілька
Барвінкове
Гаврилівка
Олександрівка
Семенівка
Новонадеждине
Катеринівка

PROIBIDO
PARAR NO
CORREDOR

Chapter.4

4

사람이 모이는 빌딩 투자 런칭 프로세스

빌딩 투자 시작하기

1

빌딩에 투자해야 하는 이유

우리나라의 부동산 정책은 주택에 대한 투기 수요를 자제시키기 위한 방향으로 가고 있다. 주택을 매입할 때의 강력한 대출 규제와 함께 취득세, 재산세, 종합부동산세 등 취득과 보유에 대한 각종 세금 부담도 증가하였다. 매도할 때의 양도세도 상당하다. 일부라도 주택으로 사용하고 있는 빌딩이 아니라면 건물에 투자할 때의 취득세는 주택 보유수에 따라 중과되지 않으며, 보유할 때 발생하는 재산세의 비율도 주택에 비해 낮은 편이다. 종합부동산세도 꼬마빌딩의 소유에 대해서는 크지 않은 편이다. 때문에 주택 투자가 부동산 투자의 기조를 이루었던 과거와는 달리 상당수의 부동산 투자 수요는 상업용 부동산을 향하고 있다.

상업용 부동산 중에서도 빌딩에 투자하는 수요가 이례적으로 높았던 것에는 몇 가지 이유가 있었다. 빌딩 투자는 기본적으로 임대수익을 전제로 하고 있다. 임대 수익이 적냐 많냐의 차이가 있을 뿐, 임대수익은 기본적으로 가지고 가는 변동성 수익으로 보면 된다. 빌딩은 주택과는 달리 실수요자가 아니더라도 임대 수익을 사업적 수입으로 보는 것에 대한 부담이 적다. 이와 함께 단기 매수 차익도 충분히 고려할 수 있을 만큼 건물에 대한 시세 차익 실현이 가능해졌다. 특히 빌딩은 아파트나 구분상가와는 달리 건물은 대지 '지분'이 아닌 대지 '전체'를 소유한다는 점이 정말 매력적이다. 토지와 건물 전체를 소유하기 때문에 주변 상황의 변화에 맞게 신축을 하거나 리모델링을 하여 밸류업이 가능하다. 지분소유자라면 대규모 공사는 쉽게 결정할 수 없는 부분이다. 빌딩에 주택에 해당하는 부분이 없는 근생 건물이라면 자금조달계획서 제출 대상이 아니며, 대출 규제에 있어서도 정책적 규제가 없다. 꼬마빌딩 중에서도 상가주택보다 상가 건물이 인기가 많은 이유이다.

빌딩은 토지와 건물의 감정평가금액과 임대 수익 등을 고려하여 대출가능 금액이 정해진다. 부동산 규제 정책으로 주택 대출이 거의 불가능해진 상황에서 은행에서의 주택 담보 대출 상품은 빌딩 대출 상품으로 대체되었다. 엄격하게 주택 대출을 규제하면서 은행이 자발적으로 상업용 부동산에 대한 대출 상품에 주력하게 된 것이다. 그 예로, 전문직을 위한 빌딩 매입 대출 상품은 매입하는 빌딩 안에서 사업을 영위하는 조건일 경우 건물 매입 금액의 95%까지 대출이 가능하기도 했다.

정부의 규제 대상이 아니고, 건물과 대지를 모두 소유하면서 임대 수익과 시세 차익을 얻을 수 있으며, 대출 규제 대상이 아닌데다가, 감정가액에 따라 대출이 가능한 부동산 투자 상품이 바로 빌딩이다. 과거에는 거래 가액이 주택이나 상가에 비해 크다는 점에서 선뜻 투자하기 어렵다고 생각했었지만 지금은 빌딩 투자 자체를 업으로 하는 크고 작은 사업체가 눈에 띌 정도로 많아졌다. 물론 앞서 말한 것처럼 빌딩 자체는 관리 주체가 따로 필요하고, 일정하고 꾸준한 수익을 얻기 위해서는 임대 관리도 적극적으로 할 수 있어야 하며, 건물에 맞는 디자인을 입히는 수고도 필요한 시대가 되었다. 게다가 예전처럼 큰 대로변에 있는 비싼 빌딩이라고 임대가 모두 잘되는 시대도 지나버렸다. 건물주는 부동산 사업가라는 마인드로 빌딩 투자 이후에도 꾸준하고 자발적인 노력이 필요한 시대가 되었다.

현 시점에서 빌딩 투자는 시대적 대세이며, 모두의 꿈이자 궁극적 목적이 되었다. 그렇기 때문에 앞으로도 빌딩 투자 수요는 줄지 않을 것이다. 우리가 부동산 투자 중에서도 빌딩 투자에 몰입해야 하는 이유이다.

변화하는 빌딩시장

빌딩을 매입하는 이유는 상당히 매력적이고 직관적이다. 눈에 보이는 부동산 '전체'에 대한 소유가 가능하다는 점에서 더욱 그렇다. 토지와 건물의 가치를 모두 소유한다는 것, 그리고 건물의 가치는 감가되더라도 토지의 가치는 올라간다는 점(토지의 유한성), 그리고 건물이 낡고 노후하였을 때는 리모델링이나 신축을 통해서 다시 새로운 사업지가 탄생할 수 있다는 점에서도 누구나 욕심낼 만한 재화이다. 빌딩이라는 재화를 공간으로 해석하면 더 많은 가치를 생각할 수 있다. 빌딩이라는 공간 안에서는 적게는 하나 많게는 수십, 수백 개의 사업가들이 열정을 다해 일한다. 사업 수익과 직원들의 임금 수익이 생기는 곳이자, 시절의 추억이 깃드는 공간이 되기도 한다. 경제적인 관점에서 빌딩 투자를 고려한다면 그 역시 매력적이다. 깊이 들여다보면 조금 다르겠지만, 일반적으로 사람들은 빌딩을 매입하면 일종의 '시설업'처럼 임대수익이 꾸준히 발생하는 것에 큰 매력을 느낀다. 노동소득이 아닌 자본소득으로서 빌딩이 가진 가치는 실로 엄청나다. 한 사람이 직접 노동을 통해 벌 수 있는 소득에는 시간과 장소의 제약이 있고 그 외에도 수많은 한계에 봉착한다. 우리가 부라고 생각하는 것은 사실 노동소득의 가치보다는 자본소득의 가치를 염두하고 있는 것일 수 있다. 내가 노동하지 않는 시간에도 임대수익 또는 시세 차익이 가능하도록 자산이 스스로 증가하고 있는 것을 진정한 부의 시스템으로 생각하기 때문에 모든 사람들이 빌딩 투자에 매력을 느끼는 것일 수 있다.

그러나 앞서 이야기한 것처럼, 이제는 정말로 진심으로 세상이 많이 바뀌었다. 빌딩이라는 부동산 그 자체는 여전히 견고하게 자산가치를 다하고 있다. 처음 매입하였을 때보다 대부분의 건물 자산은 가치가 상승하였다. 하지만 임대 수익률만으로 보면 부동산 사업을 안정적으로 운영하고 있다고 말하기 힘든 빌딩이 빠르게 늘어나고 있다.

팬데믹 이후 우리가 사는 세상은 대부분 오프라인 공간에 다가가지 않더라도 손에 넣을 수 있는 재화들이 넘치고 있다. 특별히 오프라인에서 만나야 할 이유가 없는 재화는 소리 소문 없이 길에서 사라졌다. 오프라인 샵에 대한 니즈가 줄어들고 공실이 늘어나 임대 수익은 예전만큼 견고하지 않음에도 불구하고 현금가치가 떨어져 빌딩의 가격은 오히려 크게 반등했다. 이로서 빌딩 중개에서 수익률을 논하는 것은 더이상 큰 의미가 없어졌다.

주택규제와 현금가치 하락으로 최근 몇 년 동안 체감상 너무 빠른 속도로 부동산 가격이 올라간다는 그때의 그 느낌을 잊을 수 없다. 이 시점에서 집중해야 할 문제는 첫째, 조금 더 오른 가격으로 매입해야 하는 투자자들의 고민이 달라져야 한다는 것, 둘째, 기존 투자자들도 수익률만으로 볼 때 상수 아래로 마이너스 투자가 될 수 있는 공실 위험률을 탈피할 어떤 도구가 필요해진 시점이라는 것이다.

그동안 거래되는 동향으로 보면 오래된 건물을 깨끗하게 리모델링 하거나 신축하여 매각하는 형태의 빌딩 거래가 가장 많았다. 아름답고 깨끗하게 기능을 다하는 신축 건물이 시장에 나오면 매우 빠르게 매각이 되었다. 나 역시 건축사, 디벨로퍼와 일하는 경우가 가장 많았다. 리모델링, 신축을 목적으로 매입하는 빌딩은 단순 빌딩 매매보다 명도 이슈가 있었기에 비교적 난이도가 있는 빌딩 중개업무를 적지 않게 치러 낼 수밖에 없는 환경이었다.

그런데 불과 1~2년 전이지만 지금의 환경은 대단히 많은 변화를 겪고 있다. 리모델링과 신축 허가가 까다로워지고 기간이 오래 걸리게 되었다. 유례 없는 금리인상 폭에 그동안 프로젝트 자금으로 공사가 진행되었던 공사 현장들이 어려움을 겪고 있다. 자재 인상으로 건축경기가 나빠지면서 그동안 떠오르는 부동산 사업 시장이던 리모델링, 신축 시장은 꽤 많은 변화를 겪고 있다.

때문에 지금은 빌딩 매입을 준비할 때는 변화하는 빌딩 시장을 정말 집중해서 읽어 낼 필요가 있다. 역으로 생각하면 지금의 부동산 시장은 지난 10년과 비교해도 유례 없는 시장이다. 늘 매도자 우위로 돌아가던 부동산 시장에서 매수자 우위로 계약을 이끌어 낼 수 있는 정말 좋은 기회가 온 것이다. 괜찮은 조건의 매물들이 시장에 나오고 있다. 여러 이유가 있겠지만 공실 리스크와 금리 리스크의 현황이 가장 큰 이유일 것이다. 매도자 우위 시장일 때는 하루에도 수억 원이 오르는 경우를 정말 자주 겪었다. 매수의사를 밝히면, 나는 그 순간부터 매도자 쪽에서 얼마를 더 올려서 부를지 두려울 정도였다. 하지만 지금은 정확하게 판이 바뀌었다. 매수자가 수 많은 매물 리스트를 가지고 공부해서 정확하게 투자할 수 있는 몇 안 되는 시점을 맞게 되었다. 지금이 빌딩 투자의 최적기라고 보는 이유이다.

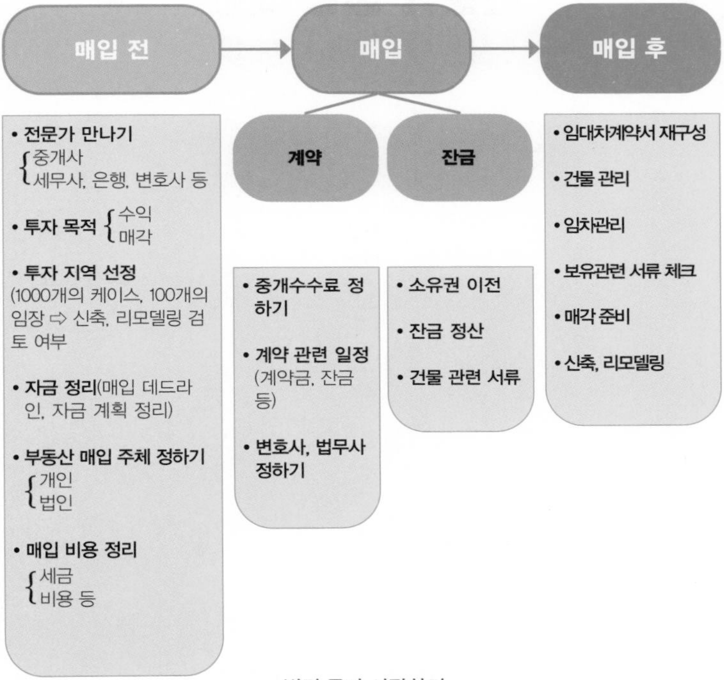
매입 전
매입
매입 후
• 전문가 만나기
중개사
세무사, 은행, 변호사 등
• 투자 목적
수익
매각
• 투자 지역 선정
(1000개의 케이스, 100개의 임장 ⇨ 신축, 리모델링 검토 여부
• 자금 정리(매입 데드라인, 자금 계획 정리)
• 부동산 매입 주체 정하기
개인
법인
• 매입 비용 정리
세금
비용 등
계약
잔금
• 중개수수료 정하기
• 계약 관련 일정 (계약금, 잔금 등)
• 변호사, 법무사 정하기
• 소유권 이전
• 잔금 정산
• 건물 관련 서류
• 임대차계약서 재구성
• 건물 관리
• 임차관리
• 보유관련 서류 체크
• 매각 준비
• 신축, 리모델링

빌딩 투자 시작하기

전문가 팀을 갖춘
부동산 사업가 되기

2

분야의 전문가를 내 편으로

많은 사람들이 빌딩을 매수하는 것을 포함하여 부동산을 매입하거나 상가를 임차할 때에 치명적인 실수를 저지른다. 건물을 사 본 적이 없는 사람에게 건물 사는 법을 자문하거나, 건물을 지어본 적 없는 사람들에게 건축을 물어보는 것, 건물을 팔아본 적이 없는 사람에게 건물 중개를 의뢰하는 것 등이다. 사업을 해보지 않은 사람과 장사할 자리를 찾아다니는 것도 비슷한 경우이다.

빌딩을 매입하는 과정을 살펴보면 처음 빌딩을 매입하겠다고 결정하는 시점부터 많은 결정의 순간들이 있다. 나 역시 사업을 하면서 중요한 결정을 가족, 또는 친구에게 물어볼 때가 있었기 때문에 고민상담과 의사 결정 과정이 명확히 구별되지 않는 부분을 이해한다. 하지만 이런 식으로 전문적이지 않은 조언이 바탕이 된 중요한 결정이 반복되면 성과있는 결정을 하는 것이 어려워진다. 부동산 사업이라는 큰 자금이 투입되는 사업에서는 관련 업계의 전문가를 통해서 결정을 내리는 것을 간곡히 추천하는 이유이다.

빌딩 매입을 준비하는 시점에서는 반드시 긴밀하게 연락하고 함께 고민할 중개사와, 건축사, 그리고 세무사가 옆에 있어야 한다. 가족 또는 지인 중에 전문가가 있는 경우라고 하더라도 상담료를 지불하고 정식으로 의뢰하였을 때에 자문료 이상의 결과를 얻을 수 있는 때가 많다. 빌딩 거래는 수억에서 수십, 수백억을 투입하는 영역이다. 더블 체크, 트리플 체크로 매물을 검증하고 전문가들이 현장에서 최선을 다했을 때 가장 안전한 투자가 가능하다. 부동산 계약이라는 것이 어디까지나 사람의 결정으로 진행되는 부분이기에 매도인의 변심으로 계약금의 배액 배상으로 계약이 마무리되는 경우도 보았고, 임차인이 마음을 바꾸어 명도소송으로 진행되는 경우도 본 적이 있었다. 이렇게 어쩔 수 없이 조금 복잡하게 일이 진행되는 케이스를 제외하고는 절대 실수가 나오지 않아야 하는 영역이 빌딩 중개이다. 자칫 잘못 계산된 실수는 수천만 원 이상의 손실을 가져오기도 한다. 특히 빌딩 중개 계약 자체의 문제보다는 계약 이후 잔금과 명도가 이루어지는 과정, 대출이 실행되는 과정, 빌딩 관리 계약을 하는 과정이나 취득세를 내는 과정 등에서도 수천만 원 이상의 비용이 왔다갔다한다. 예를 들어 수백억대의 빌딩 계약에서 취득세 중과 부분에 대한 안내가 잘못 나갔을 때에 세금에서 억 단위의 오차가 생기게 된다. 계약금을 모두 지급한 후 계약서를 가지고 은행에 갔을 때 예상했던 금액보다 잔금 대출이 덜 나오게 되어 자금을 융통하지 못하게 되면 계약 이행 불능으로 손해 배상 문제가 생길 수 있다. 신축이나 리모델링을 고려하고 있다면 사전에 건축사를 통해 최적의 설계 제안과 계획안을 받아 본 후에 매수를 결정해야 한다. 건축사마다 땅의 이점을 바라보는 관점이 다르고, 수익을 극대화시키는 소구점이 다르기 때문이다. 세무사, 건축사, 은행 대출을 관리해 줄 지점장, 그리고 무엇보다도 부동산 사업의 선장 역할을 맡을 중개사는 톱니바퀴처럼 각 영역의 일들을 전문적으로 맞춰가며 일할 수 있게 해야 한다. 이와 같은 구조를 만들기 위해 사전에 각 분야의 전문가들을 만나보고 내 편으로 만들어야 한다.

중개사는 사업파트너가 되어야 한다

나는 하루에도 부동산 투자를 원하는 많은 분들의 전화를 받고, 많은 분들을 만난다. 그리고 너무나도 감사하게도 많은 분들께서 한 번이 아닌 두 번, 세 번 이상 나와 부동산 계약을 진행해 주신 덕분에 나는 계약을 통해 수익을 얻고 나의 사업도 성장한다. 고객은 나와 나의 회사에 부동산 사업과 관련된 일을 위임하고 본인의 사업에 매진하여 사업 자산과 부동산 자산이 동시에 성장한다. 서로의 자리에서 최선을 다해 일하면서, 나는 고객과 '함께 성장'한다는 의미를 더욱 많이 깨닫고 있다. 서로가 진심으로 잘되길 바라는 마음으로 만나는 일, 서로가 잘되며 돈을 버는 일. 부동산 사업에 있어 중개사는 사업파트너가 될 수밖에 없다.

빌딩 중개에 있어서 중개사의 역할을 맡기기 위해서는 사업파트너에게 맡겨야 하는 일이 무엇인지 잘 알려주고, 끊임없이 잘하고 있는지 확인하고, 최선의 결과물인지 더블체크 하면서 동행하는 절차가 필요하다. 확실한 위임, 과정 체크를 통해 빌딩 투자 전문 중개사를 부동산 사업에 소싱할 수 있는 것이다.

최근 나는 한 모임을 통해 사업으로 단 3년만에 100억의 자산을 만들어 낸 사업가를 만났다. 본인의 부동산 투자에 대한 스토리를 인스타그램에 "가장 갖고 싶었던 지역에 빌딩을 매입한 이야기"라는 제목으로 릴스를 만들어 공유해 두었기에 확인해 보니 "역시…!"라는 감탄사가 나왔다. 그는 몇 달에 걸쳐 일주일에 한 번씩 본인이 매수하고자 하는 지역의 부동산을 매일 다니면서 매물을 확인하였다고 했다. 정확하다. 임장이 부동산 투자의 시작이자 끝이 아니던가.

부동산 사업을 하기로 했다면 사업파트너인 중개사와 주기적으로 만나야 한다. 서로가 사업에 관하여 진심으로 일하고 있음을 확인하고 집중하는 모습을 보였을 때 사업파트너의 움직임도 더욱 분주해질 것이다. 나는 매일 새로운 사람을 만나고 거의 하루 10통 이상 새로운 분들과 전화를 통해 상담을 한다. 많은 분들이 두 번째, 세 번째 상담을 할 때 부동산 투자에 대한 구체적인 계획을 가지고 돌아오신다. 그리고 두 번째, 세 번째 상담에서야 정확한 정보를 나에게 오픈한다. 어느 정도의 자금이 언제 어떻게 들어올 수 있는지, 어떤 컨디션의 매물을 찾는 것이 가장 좋은지, 부동산 사업을 함께하려면 꼭 필요한 질문에 대한 대답이 돌아온 후, 나의 손과 발도 더욱 바빠진다. 사방으로 좋은 매물을 수소문하고 온·오프라인을 넘나들며 가장 좋은 매물을 찾는다. 단순히 찾는 매물에 대한 정보만 주고 갈 때보다, 주기적으로 연락을 취하며 소통할 때 더욱 집중하게 되는 게 사실이다. 사업파트너로서 일할 수 있는 이유는 고객이 나를 믿고 맡겨놓았다는 것을 알기 때문이었다. 무엇보다도, 가장 좋은 조건의 매물이 나왔을 때 나는 나의 사업파트너인 고객의 얼굴이 가장 먼저 떠오른다. 1초도 지체하지 않고 그동안 가장 소통을 많이 했던 분께 연락을 할 수밖에 없다. 그렇게 가장 좋은 매물은 중개사를 사업 파트너로 생각하고 꾸준히 연락하고 상담하고 만났던 분께 돌아간다. 부동산 투자는 그동안 힘써 일궈온 큰 자금을 투입하는 중요한 결정이다. 그리고 그 자금을 가장 좋은 곳에 투자할 수 있도록 중개사가 발벗고 뛴다. 부동산을 매입한 후에 부동산 안에서 일어나는 수리, 임대, 관리의 문제 역시 사업파트너인 중개사를 통해 믿고 맡길 수 있다. 부동산 사업은 중개사도 고객을 사업파트너로 귀하게 만나야 하며, 고객도 부동산 투자 자산을 운영하는 본인의 회사를 위해 진심으로 일할 마음을 가진 파트너십 마인드의 중개사를 만나야 한다.

1000개의 케이스
100개의 임장

3

1,000개의 케이스를 스승으로 삼다

앞서 우리는 부동산 투자가 투기가 되지 않도록 하는 방법에 대해 살펴보았다. 많은 공부가 필요하다는 것, 많이 보고 많이 걸어야 한다는 것과, 안목을 높이고 콘셉트를 잡아야 한다는 점, 임차인의 입장이 되어 건물을 운영해야 한다는 점에서, 투기보다 훨씬 많은 시간과 고민이 필요하다. 중개사를 통해 받은 몇 장의 수익률 시트에는 아주 작은 글씨로 투자에 참고할 뿐 법적으로 책임질 내용이 아니라는 취지의 글자들이 적혀 있다. 아무도 책임지지 않는 부동산 투자인데도 생각보다 많은 분들이 몇 장의 종이에 적힌 정보만 보고 결정하기에 나는 책을 쓰게 되었다.

나의 경우 2019년부터 본격적으로 빌딩을 매입하기 위해 걷고, 보고, 공부하고, 들어가 살피며 연구하기 시작했다. 한 주에 적어도 50개 이상의 빌딩을 찾고, 그 중 더 스터디할 만한 빌딩으로 생각되는 빌딩은 적어도 한 주에 30개 이상 찾아가 보았다. 건축물 대장이나 등기사항을 비교하여 시장에 각 빌딩의 호가가 왜 그렇게 형성되었을지 공부했다. 그렇게 한 달에 약 200개, 6개월 정도 지나니 내가 타깃으로 하는 용산구, 마포구, 강남구의 빌딩만 대략 1,000개 정도의 데이터를 가지게 되었다. 빌딩 매물 중에서는 매매 매물로 나온 빌딩뿐만 아니라 임대 매물로 나온 상가도 함께 공부했다. 어떤 빌딩이 어느 정도의 임대수익을 가지는지를 알기 위해 인근 시세, 인근 부동산 시장의 업종, 인근 매물의 임대 보증금과 임대료, 평당 임대가격을 함께 공부해야 한다.

처음 몇 주는 네이버 부동산 매물, 중개법인에서 홍보하고 있는 매물을 기초로 공부하기 시작했다. 그러나 이내 나는 몇 장의 사진과 수익률만 보고는 해당 빌딩이 좋은 매물인지를 분석하기에는 무리가 있다고 판단하였다. 같은 도로에 있는 건물이라도 건물마다 특징이 다 달랐다. DNA 자체가 다른데, 몇 가지 데이터로 줄 세워서 1급, 2급을 나눌 이유가 없었다. 1급이라도 시장의 변동성에 따라 애물단지가 될 수 있다. 2급이라도 나의 노하우를 통해 S급 빌딩으로 만드는 것도 얼마든지 가능하다. 나는 1,000개 이상의 데이터를 나만의 방식으로 분석하기 시작했다. 가령 건축물 대장을 보고 엘리베이터가 없는 매물은 앞으로 엘리베이터를 설치할 수 있는지 여부를 먼저 보았다. 직접 찾아가서 들여다 보면 엘리베이터를 설치할 공간이 있는지 정도는 육안으로도 알 수 있었다. 만약 엘리베이터를 설치할 공간이 없는 건물이라면 아무리 입지가 좋더라도 3층 이상의 임차 내용은 그다지 매력적이지 않은 경우가 많았다. 따라서 나는 1급 매물이라고 분류한 다른 사람들의 분석에 신뢰가 가지 않았다. 신축 가능성이 있는 오래된 건물이 아니라면 나는 손님에게 안내할 때에도 건물이 가진 한계에 대하여 설명하여 다른 매물과 조금 더 비교해 볼 수 있도록 하였다.

건축물 대장을 통해 밸류업 가능성 여부를 판단하고 불법 여부가 있는지, 어떤 업종으로 허가가 되어 있는지 등을 살펴본 후 등기사항을 보면 건물주가 지불하고 있을 법한 대략적 이자와 임대수익을 비교해 볼 수 있다. 이를 토대로 어떤 상황으로 시장에 나온 매물인지 추측하며 호가를 분석해 보았다. 자세히 분석하면 할수록 좋은 조건에 나온 매물은 눈에 띄기 마련이었다. 일례로, 강남대로변에 위치한 병원, 한의원으로 모두 꽉 차 있는 신축빌딩 매물을 만난 적이 있었다. 주차도 완벽했고, 컨디션이 너무 좋았다. 나는 곧바로 건축물 대장을 확인하였다. 외관상 손볼 곳이 없을 만큼 매력적인 빌딩이었는데, 심지어 건축물 대장을 살펴보니 용적률 상한보다 더 용적률을 받은 부분이 있었다. 역시 괜찮은 빌딩이었다. 태양열 기술을 통해 에너지 효율을 높인 빌딩으로 허가를 받아서 용적률 인센티브를 받은 건물이었다. 등기를 살펴보니 조금 특이한 부분이 눈에 띄었다. 을구의 채권자에 임차인이 있었다. 건물주가 임차인에게 채무를 진 쉽지 않은 상황이 눈에 띄었다.

자고 일어나면 5억, 10억이 오르는 매도자 우위의 빌딩 시장에서, 나는 이 특이한 상황에 주목하였다. 매도인에게 명도 조건으로 임차인에게 진 채무만큼의 금액을 계약금으로 설정하여 채무변제금을 먼저 지급하는 조건으로 시세보다 4억 이상 저렴하게 계약을 체결할 수 있었다. 이후 단 10개월 만에 76억의 시세 차익으로 매도 계약을 체결하였다. 매 주, 매 월, 매 분기마다 각 빌딩의 DNA를 분석해 보겠다고 그렇게 많은 서류를 뽑아 놓고 브랜딩 포인트를 만들고, 임차 리스트를 만들고, 건축물 대장, 등기부 등본을 분석했던 시간들이 스쳐갔다.

빌딩 투자, 투기가 되지 않으려면 응당 고민해야만 하며 공부해야만 하는 이유이다.

100일 간의 부동산 실매물 답사

앞서 본 것처럼 1,000개의 케이스를 통해서 많은 매물을 만나고, 각 분야의 전문가를 통해 부동산의 범위가 좁혀진다면, 중개사에게 분명한 목표를 전달해야 한다. 모르는 길을 가기 위해 내비게이션에 목적지를 입력할 때에도 정확한 목적지를 입력해야 정확하게 안내를 받을 수 있다. 그 어디쯤, 어딘가에 가고 싶다는 막연한 목표는 스스로를 혼란스럽게 하기도 하지만 사업파트너인 중개사의 입장에서도 정확하게 원하는 매물을 찾아주기가 어렵게 된다. 한 문장으로 말할 수 있을 정도의 분명한 목표가 필요하다. 명확한 목표를 설정하면 더 명확한 매물을 만나게 된다.

부동산은 늘 한 자리에 있지만, 들여다 보면 고요하게 있지 않다. 네이버 부동산의 매물 목록만큼이나, 수많은 변동 가능성이 잠재되어 있다. 일주일 혹은 하루 차이로도 거래 여부나 수익성 여부가 달라지기도 한다. 부동산 자체의 변동성만 고려하더라도 목표로 하는 부동산을 만나는 것이 생각보다 쉽지 않다. 서울 안에서만 이렇게도 많은 빌딩과 건물과 아파트가 있는데, 나의 마음에 쏙

드는 부동산이 매물로 나와 나의 손에 들어올 정확한 시점을 예측할 수 있는 부동산 전문가는 없다고 봐도 좋다. 예측이 어려운 시장에서, 변수를 줄이는 것이 중요하다. 매수하기로 결정한 목표는 명확하면 명확할수록 좋다. 어떤 목적인지, 어느 정도 컨디션이면 좋은지 1,000개의 매물을 검토하면서 생각을 정리해 놓아야 한다.

예를 들어 "강남, 100~145억까지. 평당 2억의 매물은 보지 않기로, 역과 가까워야 함. 빌딩 관리에 신경쓰지 않아도 될 만큼은 관리가 되고 있는 건물, 수익율은 1~2프로 대여도 일단 검토." 이렇게 6개의 키워드를 주신 고객이 있다. 본인도 사업을 하고 있기에, 부동산 사업만큼은 나에게 모두 '위임'을 한 상태였다. "이면도로까지만, 건축연도 20년 이내" 이런 조건이 있으면 더 좋다. 구체적으로 키워드를 명확하게 주었을 때 더 가치있는 검색 결과가 나온다.

조건이 명확해지면 중개사와 함께 직접 매물을 보아야 한다. 임장기간은 최대 100일을 목표로 한다. 한 계절을 넘기면 대부분의 매물은 가격이 오른다. 임대차의 내용이 달라지는 것도 이유가 될 수 있지만, 금리 변동 시기나 세금 내는 시기에 따라서 오르는 경우도 많다. 한 곳에서 호가를 올리면 비슷한 조건의 다른 건물의 호가도 금방 올라가게 된다. 따라서 100일의 임장기간을 정해 정확히 설정된 키워드에 따라 추천받은 매물들을 직접 만나보길 권한다.

데드라인을 정한다

부동산을 매수하고자 하는 데드라인이 없다면 기간이 오랫동안 늘어지게 된다. 좀 더 기다리면 더 좋은 매물이 나올 것만 같겠지만 사실 부동산 투자에 가장 독이 되는 상태는 데드라인 없이 매수를 결정하거나, 충동적으로 매수를 결정할 때이다. 시간이 많이 주어진다고 하여 더 좋은 선택을 한다는 보장이 없다. 시간을 정해 놓고 그 안에 모아놓은 데이터를 토대로 빌딩 매입을 준비하는 것을 추천한다. 특히 사옥을 매입하는 경우에는 신사옥 이전 자체가 기업의 빅 이슈이기 때문에 매입 목표가 명확하고 자금 집행 시기도 정해져 있으며 입주 가능한 시기까지도 이미 연중 계획에 포함되어 있는 경우가 많다. 명도 조건도 중요하다. 따라서 사옥을 매입할 예정일 때는 데드라인이 반드시 필요하다. 사옥 매입시에는 기업의 핵심가치, 기업의 이미지 등 수치화할 수 없는 데이터들도 매수 목표에 들어가게 된다. 중개사와 최대한 많은 매물들을 만나면서 범위를 좁혀가기 위해서는 한 분기에 매우 집중적으로 부동산 매입을 위한 TF가 움직이는 것처럼 일할 필요가 있다.

1000개의 부동산 공부, 100일의 임장, 그 후에 데드라인을 정하였다면 그 안에 계약할 수 있는 범위 내에 있는 부동산을 정리하고 감정평가를 받아보고(탁감) 자금 계획을 정리하여야 한다. 데드라인이 없다면 이조차도 차일 피일 늘어지게 된다. 큰 자금이 집행되는 중요한 순간이다. 감정에 휘둘리지 않고, 차분히 계약을 진행해야 한다. 정해 놓은 시기에 정해 놓은 조건에 따라 딜을 끌고 가고 계약을 완성하는 전문적인 부동산 사업가의 모습이 필요하다. 매수 시기를 정해 놓고 계약을 준비하는 것과 충동적으로 계약을 준비하는 것은 결과에 차이가 있을 수밖에 없다.

체크 리스트!

4

빌딩 투자 준비하기

불과 10년 전만 해도 매입하고자 하는 건물에 유명 프랜차이즈가 들어와 있거나 은행, 학원이 들어온다면 대대손손 임대료를 용돈 삼아 살 수 있었다는 이야기를 들어왔다. 고객들의 생각도 이와 크게 다르지 않았다. 유명 프랜차이즈가 들어와 있다면 구분 상가 매입도 적극적으로 검토하곤 했었다. 하지만 최근의 빌딩 운영 현황을 지켜보면 이제는 단순히 현재의 임대수익률만으로 빌딩을 매입할 수 없다는 생각이 든다. 부동산 사업가로서의 마인드로 운영 철학과 전략을 가지고 투자해야 한다. 투자를 결정하는 순간부터 한 해의 손익을 계산하고, 용도 변경이나 리모델링, 임차인 구성을 적극적으로 검토하고 세팅하여 전략을 수립하고 투자했을 때에 변동성이 큰 현재 부동산 시장에서 진정한 수익을 얻을 수 있다. 과거의 건물 운영 방식을 생각하고 대출과 함께 건물을 매입하였다가 공실리스크, 예상치 못한 부대 비용과 건물 관리 비용에 지쳐가는 부동산 투자자들이 생각보다 많다. 처음부터 예상하는 시나리오를 함께 그려보고 충분히 계획을 세운 후에 매입을 결정하였다면 조금 더 나은 상황을 만들 수 있었을 것 같다.

빌딩 투자를 준비하기 위해서는 매입 전에 매각 단계까지 생각하고 접근해야 빌딩 매입 후에 발생하는 다양한 상황에 대처하고 순지출을 줄일 수 있다. 샘플 빌딩을 찾고, 원하는 조건을 찾은 후에는 구체적으로 매물을 매입하기 위한 자금 계획을 수립해야 한다. 매입 가용자금을 확인하고, 대출이 어느 정도 필요한지, 법인 또는 개인, 누구의 명의로 매입할 것인지, 매입할 때의 취득세와 등기 비용, 중개 수수료와 빌딩 관리 계약 이관 비용 등을 구체적으로 알아보아야 한다. 매입 시 발생하는 비용은 대체로 당일 즉시 처리해야 되는 내용이 많기 때문에 꼼꼼하게 정리하고 준비해 두어야 한다.

보유시에는 건물 보유에 따른 세금, 공과금 및 매 달 관리비용에 대해 준비해 놓아야 한다. 대출을 받은 경우에는 금리에 따라 변동되는 대출 이자 부분에 있어서도 미리 준비해 놓아야 한다. 임대수익과 건물 유지 보수 비용 등에 대해서도 정확하게 알고 있어야 함은 당연하다.

빌딩투자의 진정한 목적은 보유하는 동안 꾸준한 임대 수익과 매각 시 시세차익으로 수익을 극대화하는 것이다. 따라서 매입 시점에 매각에 대한 계획도 어느 정도 가지고 있는 것이 좋다. 매도희망 가격과 보유기간에 대한 대략적인 계획이 있을 때, 양도세를 계산하여 순 시세차익을 미리 계산해 볼 수 있다. 부동산 투자회사를 운영하는 사업가로서의 마인드로 부동산 사업체를 직접 매입, 운영, 매각하는 모든 과정의 최고 의사결정자로서, 사업상 일어날 수 있는 다양한 변수를 체크하고 준비하는 과정이 반드시 필요하다.

<table>
<tr><td rowspan="3">매매금액</td><td>자기자본</td></tr>
<tr><td>대출금 ⊕ 금리, 기간, 월 이자비용</td></tr>
<tr><td>보증금 ⊕ 월 임대료</td></tr>
<tr><td rowspan="3">매입 관련 비용</td><td>등기 비용</td></tr>
<tr><td>취득세</td></tr>
<tr><td>중개수수료</td></tr>
</table>

<table>
<tr><td rowspan="5">보유시</td><td rowspan="3">관리비용</td><td colspan="2">관리비 입금</td></tr>
<tr><td rowspan="2">관리비 지출 내용</td><td>연단위</td></tr>
<tr><td>월단위</td></tr>
<tr><td rowspan="2">보유 관련 세금</td><td colspan="2">재산세</td></tr>
<tr><td colspan="2">종합소득세</td></tr>
<tr><td rowspan="4">매각시</td><td>양도관련세금</td><td colspan="2">양도세</td></tr>
<tr><td rowspan="2">양도관련비용</td><td colspan="2">중개수수료</td></tr>
<tr><td colspan="2">법무관련비용</td></tr>
<tr><td colspan="3">신축 또는 리모델링 여부</td></tr>
</table>

체크리스트

매입 단계

5

매입시 체크리스트

• 매입 주체 정하기	개인	공동명의	지분 비율
		단독명의	
	법인	취득세 중과 관련 체크!	
• 임대 계약서 확인			
• 매입 비용 정리	취득세		
	등기비용		
	중개수수료		
	※건물분 부가가치세		
• 대출일정 확인하기			
• 재산세 납부일 체크하여 계약에 반영하기			
• 동업계약서(필요시)			

빌딩 투자를 준비하기 위해 체크리스트를 준비할 때는 매입

단계에서의 준비 리스트가 가장 중요하다. 매입 단계에서의 다양한 비용과 변수를 고려하고 준비하여 예상치 못한 지출을 미리 파악했을 때, 계약 조건을 정할 때도 주도적으로 임할 수 있다. 특히 계약금 지급일, 잔금 지급일과 계약금 지급 조건, 중도금 유무 등을 결정하는 것은 자금을 직접적으로 이전하는 계획이며 이에 따라 가용자금이 수 개월 이상 차이가 생길 수 있다. 따라서 미리 자금이 나가는 날을 검토한 후에 계약조건을 협상하는 것이 좋다.

계약자 정하기

매입 주체를 개인으로 할 것인지 법인으로 할 것인지, 해당 빌딩 계약을 위한 신규 법인을 설립할 것인지, 개인 명의로 할 경우에는 공동 명의로 할 것인지, 지분 비율은 어떻게 나눌 것인지도 구체적으로 정해 놓아야 한다. 매입 주체가 변경 될 수 있는 상황이 있을 때는 매도인에게 계약시 명의와 잔금시 명의가 다를 수 있다는 점을 미리 특약으로 정해야만 배액배상의 문제에서 자유로울 수 있다. 이 단계에서는 세무사와 법무사와의 긴밀한 상담이 필요하다. 특히 법인 명의로 매입할 경우 신규 법인은 대출 가능 금액이 달라지는 경우가 있기 때문에 은행을 통해 미리 확인해 볼 필요가 있다. 미리 법인을 설립하지 않은 경우에는 개인 명의로 계약을 진행하고 잔금 일정까지 법인을 설립하여 잔금일에 계약서를 다시 작성하는 경우가 있다. 이는 사전에 계약자 명의를 변경할 수 있다는 특약이 협의되어야 한다. 법인 설립에는 1~2주의 기간이 필요하기 때문에 법무사와 처리기간을 상의하여 준비해야 한다. 개인 명의로 계약을 할 경우에는 공동 명의로 매입할 때의 지분율과 세금 등을 각각 계산해 놓고 계약 당일에 위임장이 필요한 경우에 위임장도 미리 준비해 놓아야 한다.

매입 주체가 확정이 되면 가용자금과 대출가능 여부를 매입 명의자를 기준으로 준비해야 한다. 빌딩을 매입할 때는 대체로 건물의 감정평가 금액과 임대수익을 기준으로 대출 가능 금액이 나오지만, 매입 주체에 따라서 대출 조건이 달라질 수 있기 때문이다.

매입 주체가 법인일 경우에는 취득세가 중과되는 부분이 있는지 반드시 확인해 보아야 한다. 수도권 과밀억제권역 내에 본점이 있는 신규법인(설립한 지 5년 이내의 법인)이 과밀억제권역 내의 부동산을 취득하면 취득세는 9.4%로 중과된다. 취득세 중과 배제 대상 기업에는 벤처 인증, 연구소 인증 등의 특수한 사례만 해당하기 때문에 매입하는 건물 소재지의 구청 부동산 정보과를 통해 체크해야 한다. 또한 최근에는 노후 주택을 매입하여 신축을 하거나 리모델링을 하는 경우가 있는데, 법인 명의로 주택을 매입할 경우 취득세가 12%가 되기 때문에 이에 대해서도 잘 체크하여야 한다.

주택이 포함되지 않은 상업용 빌딩을 매입하는 경우, 거래가액이 크기 때문에 취득세와 소유권 이전비용, 부동산 중개보수 등의 부대비용도 적지 않은 금액이 필요하므로 매입단계에서 감안하여 준비해야 한다. 앞서 설명한 것처럼 매입 주체에 따라서 세금의 액수와 세율의 차이도 워낙 크기 때문에 자금 출처부터 철저하게 세무사와 상의할 것을 추천한다.

임대계약서 확인

임대현황을 통해 미리 매입하고자 하는 빌딩의 임대수익을 파악하고 있다고 하더라도, 구체적인 계약 이야기가 나오는 시점에서는 임대 계약서를 중개사를 통해 미리 받아 보아야 한다. 그리고 임대 계약서상의 임차 입금 날짜에 맞춰 임차가 제대로 들어오는지도 확인해 볼 것을 추천한다. 임대차 계약서상의 임차 입금일이 초일 또는 말일로 맞춰서 계약이 되는 경우도 있지만 그렇지 않은 경우도 있어서, 빌딩 소유주가 모든 임차 입금일을 촘촘하게 챙기기 어려울 때도 있다. 이런 상황에서 임차입금이 미뤄진다면 빌딩 운영 과정에 피로감이 쌓일 수밖에 없다. 임대인의 임차 입금 내역을 미리 확인할 수 있도록 중개사를 통해 임대 계약서와 함께 임차, 부가세, 관리비 입금 현황을 받아 체크해야 한다. 그리고 매매계약 전에는 임차인을 만나서 임대차 승계 확인서를 받아두어야 하는데, 중개를 하다보면 임대인이 임대 승계를 안전하게 받을 것인지에 고민하는 것보다는 임차인들이 건물 소유주가 바뀌었을 때 계약상황이 어떻게 되는 것인지에 대해 더 부담을 느끼는 것을 보게 된다. 사전에 새로운 임대인과 함께 임차인들을 만나서 새로 매매 계약이 체결되더라도 기존의 임대차 계약을 변동 없이 이어가게 된다는 점을 안내해

주는 것이 좋다. 사실 기존 계약을 진행했던 건물주가 아닌 새로운 건물주가 온다는 사실 자체가 사업을 하는 사람들 입장에서는 불필요한 리스크이자 변화가 될 수 있다. 앞으로 피곤할 일이 더 많이 생길 것이라 생각하는 사람들이 대부분이다. 그러나 현장의 경험을 토대로 보면 기존 계약기간 동안 임차인에게 더 불리할 수도 있는 의외의 상황은 생각보다 많이 발생하지 않았다. 이런 설명을 새로운 소유주와 중개인이 임차인을 직접 만나서 계약내용이 그대로 진행될 것임을 전달해 주는 것만으로도 임차인은 부담감을 덜 느낄 수 있다.

매입 관련 비용 정리

빌딩 매입 시 발생하는 비용에는 취득세, 등기비용(법무사 수수료), 중개수수료가 있다. 취득세는 주택을 제외한 부동산 취득세가 4.6%이다. 매입 주체가 법인인 경우, 수도권 과밀억제권역 내에 본점이 있는 신규법인(설립한 지 5년 이내의 법인)이 과밀억제권역 내의 부동산을 취득하면 취득세는 9.4%로 중과된다. 상가주택을 매입하는 경우에는 법인의 경우 12%의 취득세가 발생하고 개인의 경우 주택 보유수에 따라 다르게 적용되기 때문에 사전에 세무사 상의해서 비용을 정확히 예측하고 준비해야 한다.

중개수수료는 주택을 제외한 부동산 취득 시 0.9% 이내에서 협의하도록 정하고 있다. 특히 중개수수료는 매도 시 양도차익을 계산할 때 필요경비로 인정되는 부분이기 때문에 부가가치세 10%를 포함하여 현금영수증을 받아 놓거나 세금계산서를 발급

받아 놓아야 한다.

또한 빌딩을 매입할 때는 건물분 부가가치세가 발생한다. 매입 가격에서 토지분을 빼고 건물분에 대한 부가가치세를 매도인에게 주어야 한다. 이 비용은 부가세 환급을 통해 돌려받게 되는 금액이기 때문에 매입 비용으로 생각하지 않을 수도 있지만, 건물분 부가세 자체가 단위가 큰 돈인 경우가 많기 때문에 모르고 있다가 한 번에 준비하기에는 부담이 될 수 있는 금액이므로 미리 세무사를 통해 준비해 놓아야 한다.

한편 건물분 부가가치세는 매수자가 매도자에게 지급하고, 추후 환급받는 구조로 진행되는데, 이를 번거롭게 생각하여 매도자에게 지급하지 않고, 매도자가 매도 후에 환급받도록 포괄양수계약을 진행하기도 한다. 부동산 계약서와 별도로 사업 포괄 양수 양도 계약서를 작성하게 되는 경우가 많기 때문에 계약서를 쓰기 전에 서로간에 진행에 대한 합의가 되어 있는 것이 좋다. 포괄양수양도 계약으로 진행하지 않을 경우 부가가치세 조기환급제도를 이용하여 부가세 환급을 빨리 받을 수도 있다.

대출 일정 확인

대출 심사가 본 계약서를 첨부하여 본격적으로 개시되기 때문에 매입 이전에는 계약금에 대한 자금 계획만을 염두하는 경우가 있는데, 대출 승인에 필요한 기간을 계산해서 잔금 날짜를 잡아야 한다. 은행 대출을 받아 빌딩을 매입하는 경우, 매입자금에 대한 계획단계부터 은행을 통해 탁감을 받고 계약을 진행하는 경우가 많다. 그러나 계약서를 첨부하여 심사에 들어가면 예상했던 대출 금액보다 더 많은 대출이 나올 경우도 있지만 덜 나오는 경우도 생각보다 많다. 이 경우 다른 은행을 통해 대출 심사를 더 받아봐야 할 때도 있다. 대출 승인에 걸리는 기간은 2주 정도인데, 나는 넉넉하게 한 달 이상의 기간을 더해서 잔금 일정을 잡기를 추천한다. 한 고객은 신규 법인의 사옥으로 쓰기 위해 신규법인 명의로 빌딩을 계약하였는데 거래하는 은행에서 대출 승인을 받기 위해서는 기존에 사업을 운영하는 법인을 통해 매입을 해야 한다고 통보를 받게 되었다. 계약 당사자에 대한 변경이 필요하기 때문에 계약서를 다시 작성할 수 있는지에 대한 상호간의 협의가 필요했고, 결과적으로 계약 변경을 할 수 없었기 때문에 다른 은행을 통해 신규법인의 대출이 가능한지를 문의하고, 심사하는 기간이 필요했다. 결국 브릿지론을 통해 급하게 잔금을 하게 되었다. 잔금일을 2달 정도로 잡은 여유있는 상황이었지만, 경우에 따라서는 이렇게 변수가 발생하여 잔금 일정을 매우 아슬아슬하고 빠듯하게 소화하는 경우도 있다는 점을 참고해야 한다. 사전에 매입 주체와 대출 심사기간, 잔금일정을 모두 고려하고 체크해야 하는 이유이다.

재산세 납부일 체크하기

재산세 부과일은 매년 6월 1일을 기준날짜로 하여, 6월 1일 소유자에게 재산세를 부과하게 한다. 보통 3~5월 사이에 계약을 진행하는 경우 잔금 납부일을 5월 말 정도로 잡는 경우가 많이 있다. 6월 1일이 지난 날로 잔금을 하게 되면 1년치 재산세를 모두 부담해야 하기 때문이다. 때문에 계약서를 작성할 때 매수인이 재산세를 부담하는 것에 대해서 어느 정도 가격협상을 제안하거나 상호간에 월할 계산을 하자고 제안할 수 있도록 매입 전에 잔금일정에 재산세 납부일을 고려해야 한다.

동업계약서를 통해 대출이자를 필요경비로!

빌딩을 매입할 때 받는 대출의 대출이자는 취득을 위한 대출로 보는 것보다는 임대사업을 위한 사업자금의 성격을 가지고 있을 경우 소득세 계산시 필요경비로 인정받을 수 있다. 이 경우에는 부동산 매매계약에 앞서 동업계약서를 부동산 매매계약서와 함께 작성해야 하는데, 공동경영인, 지분 비율, 출자금 명시뿐만 아니라 대출금 이자는 공동명의 건물의 임대수입에서 충당하고, 계약금과 중도금은 각 공동 경영인의 출자금을 통해 출자한다는 것, 임대보증금의 액수까지 건물 운영사업에 대한 상세한 내용이 동업계약서에 들어가 있어야 한다. 이 부분도 세무사의 전문적 영역이기 때문에 사전에 가능 여부를 문의해 놓는 것이 좋다.

계약시에는 주택, 잔금시에는 근생? 계약시에는 고급 주택, 잔금시에는 나대지?

주택에 대한 규제가 많아지면서 주택 매물의 거래를 부담스러워하는 경우가 많이 있다. 하지만 나는 이러한 현 시장의 특성을 잘 활용하여 저렴한 가격에 주택을 매입하여 근생 건물로 리모델링하거나 신축하는 것을 추천하고 있다. 주택을 매입할 때는 법인은 6%의 취득세를, 개인은 주택 보유수에 따라 취득세를 중과하게 된다. 현 세법에서 고급주택으로 규정하고 있는 주택의 매입에서도 취득세 8%를 가산하여 중과되고 있는데, 규모가 큰 주택은 신축이나 리모델링을 통해서 그릴 수 있는 그림이 더 많기 때문에 부동산 사업을 위해서는 이러한 고급주택도 매입 준비단계에서 고려하고 있을 필요가 있다. 다만 취득세가 중과되는 부분에 대해서 계약단계에서 매도인과의 협의를 통해 비용을 줄이고 대출을 더 많이 받을 수 있는 방법이 있다.

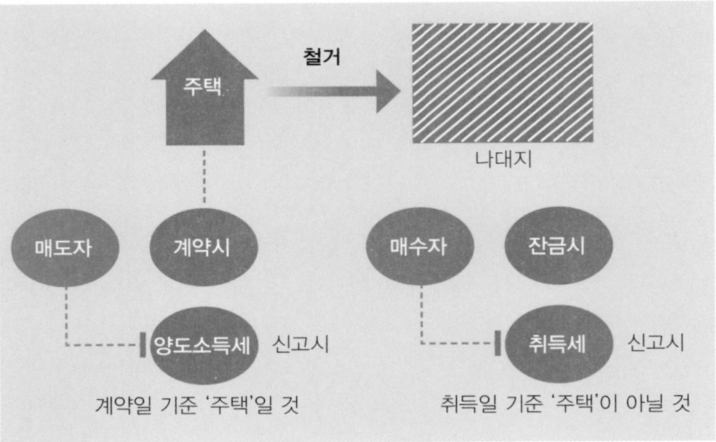

매도인의 양도세 비과세 감면 혜택은, 계약일을 기준으로 양도소득세 신고를 하기 때문에 매도인은 계약일 당시에 주택이라

면 양도소득세 신고시 주택으로 인정받을 수 있다.

매수인은 잔금지급일 전에 명도를 하고 신축을 위해 철거를 하여 나대지의 형태로 만들어 놓거나 근생으로 용도변경을 해 놓으면 취득시 주택 외 부동산으로 인정받아 취득세 중과를 피할 수 있다. 또한 주택으로 인정되었을 때 은행에서 대출 금액을 방 개수에 따라 줄이거나 대출을 받지 못하게 되는 불이익도 피할 수 있다. 근생으로의 용도변경 가능성을 자세히 알기 위해서는 주차장의 주차 대수와 정화조 용량 등의 조건을 건축사를 통해 체크해야 한다.

다만 매수인의 요청에 따라 멸실, 인허가, 근생으로의 용도 변경 등의 조건을 계약서에 기재하기 위해서는 매도인측의 긴밀한 협조가 필요하다. 계약서를 작성하기 전에 충분히 납득할 수 있는 조건을 제시하여야 함은 물론이거니와 세무사와 상세히 논의하여 서로간의 손해가 없을 것을 확인받아야 한다.

이러한 매도 방법은 생각보다 많은 매수자들이 선호하는 조건이기 때문에 주택 매각을 생각하고 있는 경우에도 숙지하고 있으면 좋다.

계약 단계부터
잔금까지!

6

계약	계약이행준비 →	잔금	계약이행/ 소유권 취득 →	잔금 후
⇩ 계약서 작성	⇩ [대출신청] • 계약서 첨부 • 임대사업자 등록 • 법무사 일정 예약 (잔금) • 취득세 확정짓기 • 잔금 정산서 확인	⇩ • 대출 실행 • 잔금 입금 • 소유권 이전 • 잔금 정산 • 건물 관련 서류 및 시건 장치 받기		⇩ • 임차인과 임대차계약서 재작성 • 건물 이름 변경 • 공과금 명의 변경 • 건물 관리업체 명의변경 및 재계약

체크리스트 표

잔금과 소유권 이전 절차 준비하기

대출을 받기 위해서는 계약을 진행한 후에 계약서를 가지고 임대사업자 등록을 하여야 한다. 계약서를 첨부하여 은행에 대출 심사를 넣고 승인을 받아 놓아야 한다. 또한 잔금일에 소유권이전등기를 하기 위해 미리 법무사를 알아두는 것이 좋다. 건물분 부가가치세는 매도측에서 검토하고 매수측에서도 검토하여 각각의 금액을 비교하여 진행하기도 하며, 포괄양도 양수 계약일 경우 생략할 수 있다. 또한 구청과 세무사를 통해 취득세액을 검토받아 놓아야 한다.

잔금정산서는 잔금일 1~2주일 전에 미리 받아볼 수 있도록 중개사가 준비해서 전달한다. 전기, 수도, 가스 등의 각종 공과금 내역은 잔금 당일에 일괄 처리될 수 있다. 관리비 정산이나 임대료 정산은 잔금일을 기준으로 미리 계산해서 금액을 확인할 수 있도록 준비하는 것이 좋다. 잔금 당일의 임대료는 매수인, 잔금 전날까지의 임대료는 매도인에게 돌아가게 된다. 그 외의 공과금이나 관리비도 마찬가지이다. 임차인이 많은 건물은 임대료 계산이 복잡하기 때문에 금액을 미리 계산해 놓아야 잔금 당일 혼란을 피할 수 있다.

건물 관련 서류 (관리회사 계약서, 시건 장치, 도면, 신축건물의 경우 시공회사와의 시공계약서)

잔금 당일은 오전 일찍부터 일정을 시작해도 점심식사를 도중에 준비해야 할 정도로 생각보다 시간이 오래 걸린다. 대출을 통해 매입하는 경우이거나 현금 이체를 통해 매입하는 경우, 은행에서 잔금과 관련된 제반의 서류(임대차 계약서, 잔금계약서, 매도인의 계좌 확인 등)를 모두 확인하고 이체를 하게 되는데, 법무사와 은행과 중개사가 긴밀하게 절차를 밟아서 진행한다. 잔금이 이전되면 이체를 통해 확인할 수 있다고 하더라도 중개사무소를 통해서 영수증을 받아 놓아야 한다. 법무사는 잔금 입금이 확인되면 소유권 이전 등기를 신청하는 절차를 지체하지 않고 시작하게 된다. 이때부터 중개사는 건물과 관련된 서류를 하나씩 챙겨서 이전해야 한다. 건물관리 업체가 따로 있다면 관리회사 계약이전을 한다. 건물 청소, 소방, 엘리베이터 수리 및 점검, 전기, 경비, 조경 등의 관리 업체와의 계약과 관련된 서류를 받아서 관리 계약을 계속할 것인지 따로 정할 것인지를 결정해야 한다. 규모가 큰 건물은 관리 회사와 위탁계약을 하고 있는 경우가 많은데, 잔금일 전에 미리 계약 조건을 받아놓고 계약을 이어갈지 여부를 결정해 놓는 것이 좋다. 그 후에는 가장 중요한 시건장치를 전달받아야 한다. 전문 경비업체와 계약을 하고 있는 건물은 경비업체의 시건 장치만을 준비해 놓는 경우가 있는데, 전자키 외에도 각 층 각 호실의 실물 열쇠도 꼭 챙겨야 한다. 건물의 도면도 받아야 한다. 도면은 오래된 건물은 아주 두꺼운 책의 형태로 되어 있는 경우도 있고 아주 큰 낱장의 종이 형태로 보관되어 있는 경우도 있다. 비교적 최근에 지어진 경우 파일 형태로 전달받을 수도 있다.

건물 관리인을 새로 고용하지 않고 이전의 고용계약을 이어갈 경우에는 잔금일을 기준으로 반드시 매도인 측에서 퇴직금 정산을 해 두어야 한다. 신축 건물의 경우 디자인 도면과 실사 설계 도면 등 상세한 정보를 담은 도면을 모두 잘 전달받아야 하며, 시공사와의 하자 공사 계약 기간을 확인해야 하기 때문에 시공계약서도 한 번 더 확인해 두는 것이 좋다. 잔금 당일에 전달이 잘 이루어지지 않는다면 추후에 요청하는 것이 매우 번거롭거나 미안한 일이 될 수 있으므로 사전에 서로간에 전달할 내용들에 대해 검토하고 당일에 충분한 시간을 가지고 꼼꼼하게 챙겨 놓아야 한다.

잔금 후

잔금을 마친 후에는 새로운 임대인이 된 매수자와 임차인과의 임대차 계약서를 작성해야 한다. 임대차 계약서 재작성시에는 부동산 사업가로서 임차인을 사업 파트너로 생각하는 마인드를 가지고 임차인을 만나고 건물 운용상 수리가 필요한 곳이나 건물 사용자로서의 의견을 들어, 상호간에 소통할 수 있는 시간을 만드는 것을 추천한다. 공과금 정산이 끝난 후에는 수도, 전기, 도시가스의 명의 이전을 해야 하고, 빌딩 브랜딩을 통해 새로운 빌딩 이름을 지어 구청에 등록한다.

건물
소유 단계

7

건물 관리

빌딩 소유주이자 부동산 사업가가 된 후 가장 먼저 시작하는 일은 사업체인 부동산을 관리하는 일이다. 매수자는 빌딩을 매입하는 시점부터 관리의 책임자이자 소유주가 된다. 건물의 임차전용공간을 제외한 공용공간인 계단, 출입구, 주차장, 공용 화장실, 엘리베이터, 옥상 등의 청소와 시설물 관리는 건물주의 책임이다. 눈이나 낙엽 등이 쌓이는 것을 관리하는 것도 원칙적으로는 건물주의 몫이다. 하지만 대부분의 경우 외주 용역업체를 통해 관리하게 된다. 건물 관리의 규모에 따라 법정 의무 관리 사항이 다르기 때문에 꼼꼼히 챙겨야 한다. 예를 들어 건물 연면적이 600㎡ 이상의 건물인 경우에는 방화관리자를 선임해야 한다. 상주관리인을 두고 있는 경우에는 경비나 수리, 방재 업무를 맡길 수 있지만 규모가 작은 건물인 경우에는 직접 관리하거나 부동산을 통해서 관리를 하게 된다. 대부분의 건물주는 건물에 상주하거나 가까이 있지 않고 사업적 투자 수단으로 부동산을 매입하기 때문에 건물관리나 임대관리를 모두 맡길 수 있는 부동산을 찾아서 일을 처리하고 있다. 꼬마빌딩의 경우 전문 관리업체를 이용하기에는 관리 비용이 너무 많이 나가기 때문이다. 나의 경우에도 계약한 빌딩의 청소용역 외주, 건물관리, 수리, 임차관리 등 위임받은 업무를 함께 수행하고 있다. 대부분의 빌딩 소유주는 부동산 사업 외에 주 수입원이 되는 본 사업을 운영하고 있거나 직장 생활을 하고 있어 직접 빌딩을 관리하는 것에 부담을 느끼기 때문이기도 하지만, 부동산 중개사와의 관계가 계약을 하고 끝나는 관계가 아닌 진정한 부동산 사업파트너로서 건물 관리, 빌딩 관리, 임대 관리 및 매도까지 함께 가는 관계임을 다시 한번 확인하게 된다.

건물 매입 후 건물 관리 비용은 크게 연 단위로 발생하는 비용과 월 단위로 발생하는 비용으로 나누어 볼 수 있다. 연 또는 분기 단위의 비용은 정화조 청소비, 기계식 주차장 점검 비용, 화재보험, 소방점검 비용 등이 있다. 매월 발생하는 비용에는 청소비용, 공용전기 비용, 엘리베이터 수리 및 점검 비용 등이 있다. 사설 경비업체, CCTV 등의 경비시스템은 건물 컨디션의 유지, 관리에 큰 도움이 된다. 경비시스템도 큰 비용을 들이지 않고 건물을 안전하게 관리할 수 있기 때문에 가급적 설치하여 적극 활용할 것을 권한다.

임차인 관리

상가임대차보호법의 개정으로 임차인은 갱신요구권을 통해 최장 10년간 임대차 계약을 할 수 있다. 임차계약을 잘 맺는 것이 빌딩 수익률과도 직결될 뿐만 아니라 매도시에도 정말 큰 이슈로 따라오기 때문에 임차인 관리 부분은 부동산 사업에 있어 가장 중요한 부분이다.

건물주로서 부동산 사업을 한다는 것은 사업장인 건물 자체를 잘 관리하고 사업을 영위하기에 좋은 조건을 유지하여 임대차 계약이 꾸준히 잘 이어지도록 책임감을 가지고 사업을 하는 것을 기본으로 한다. 하지만 임대인의 좋은 의도와는 다르게 임대차 계약의 내용은 잘 지켜지지 않는 경우도 정말 많다. 빌딩 운영에서는 임대차 계약서가 잘 만들어져 있어야만 다양한 변수에 제대로 대처하여 사업을 잘 유지해 나갈 수 있다.

빌딩 임대차 계약은 부동산을 통해 케이스 바이 케이스로 유연하게 진행하는 경우도 있지만, 임대인 측에서 특약으로 넣고자 하는 내용을 포함하여 그 건물만의 계약서 양식을 먼저 준비해 놓는 경우도 많이 있다. 관리비와 임대료를 받는 날도 모든 임차인을 한 날로 몰아서 임대료 관리 및 관리비 정산을 용이하게 셋팅해 놓는 것도 추천한다. 주로 사무실 위주로 임대차 계약이 진행되거나 꼬마 빌딩인 경우 미리 준비된 계약서로 계약을 진행하는 것이 유용하다. 이렇게 미리 임대차 계약 내용을 정해 두면 임대차 계약시 각 임차인마다 큰 차이 없이 계약을 진행할 수 있고 예상치 못한 변수가 생겨도 어느 정도 준비된 상황 속에서 대처할 수 있다. 상가는 프랜차이즈 계약을 본점을 통해 계약하는 경우도 많이 있고, 수익 분배형 계약 형태도 많이 있다. 여러 형태의 계약이 가능하기 때문에 일률적인 계약서보다는 충분한 협상을 통해 건 바이 건으로 계약서를 잘 검토해서 준비하는 것이 좋다. 한편, 임대료를 미납할 경우나 전대차를 하는 경우, 계약 내용에 어긋나게 건물을 이용하는 경우 등 임차인들과의 소송의 여지가 있는 일이 생길 경우에 대비하여 '제소 전 화해조서'를 작성해 두는 것을 추천한다. 제소 전 화해조서란 말 그대로 제소를 하기 전에 양 당사자가 판사 앞에서 합의를 하는 내용으로, 제소 전 화해조서는 판결문과 같은 효력을 가지기 때문에 판결 없이 집행권원이 생기게 된다. 내용증명을 수차례 보내고 명도 소송을 하고 합의진행을 하는 등의 일들은 시간과 비용이 많이 들 뿐 아니라 정신적 스트레스를 많이 주는 일이기도 하다. 소송으로 가기 전 판결문의 효력을 가진 '제소전 화해조서'를 미리 준비해 놓으면 소송을 하지 않고도 강제집행을 할 수 있다.

한편 계약이 만기 될 경우 임차인이 계속해서 임대차 계약을 진행하기 원하는지를 확인하여 계약서를 다시 작성하는 것을 추천한다. 만약 임대인과 임차인 모두 별다른 제스처를 취하지 않고 계약기간 이후까지도 임대차 계약을 진행하는 경우 묵시적 갱신에 해당하여 동일한 조건의 임대차 계약이 이어지게 되는데, 상가임대차보호법에서는 임차인은 묵시적 갱신의 경우 언제라도 해지 통보를 할 수 있고, 3개월 후 계약해지의 효력이 발생하게 된다. 반면 임대인은 다시 연장된 계약기간 동안 계약 해지를 주장할 수 없게 된다. 따라서 갑자기 임차인이 계약 해지를 요구하고, 그 기간 동안 임차인을 구하지 못 하게 될 수도 있기 때문에 묵시적 갱신은 임대인으로서는 사업적 리스크를 안고 빌딩을 운영하게 되는 것이다. 임대차 관리 역시 중개사를 통해 위임하는 것을 추천한다. 임차인의 경우 건물 소유주와 직접 연락하는 것보다는 부동산을 통해 소통하는 것을 덜 부담스러워 하는 경향이 있다. 소유주 역시 임차인의 사정을 속속들이 알게 되는 것보다는 중간에 누군가가 객관적으로 일을 정리하여 분쟁의 여지가 없도록 관리하는 것을 더 선호하기 때문에 임대차 관리는 전속 중개인을 두는 경우가 많다. 부동산 사업에 있어 건물 관리, 임대차 관리는 레버리지를 통해 운영하는 것이 훨씬 효율적이기도 하지만, 정신적으로도 이롭다. 건물을 매입한 후 직접 관리를 몇 달 해보신 분들은 늘 "건물 관리하고 사람 상대하는 게 이렇게 피곤할 줄 몰랐다."라는 후기를 주곤 하신다. 그리고 결국에는 중개사를 통해 임차인을 관리하는 것을 보게 된다.

보유 관련 세금

부동산 보유시 발생하는 세금에는 재산세와 종합부동산세, 임대소득에 따른 종합소득세를 납부한다. 종합소득세에는 임대소득에서 대출이자, 운영경비를 제외한 금액에 대해 세금을 납부하게 된다. 재산세는 근생 건물인지 주택이 있는 건물인지 등에 따라 다르게 적용된다. 종합부동산세는 매입하는 부동산마다 적용 여부가 다르기 때문에 세무사를 통해 확인해야 한다.

매각은 부동산 사업의 꽃

8

매각을 위한 부동산 사업

부동산 사업에 대해 한 마디로 정의하자면 제대로 된 매물을 잘 매입하여 현 상태에서 가장 가치 있는 부동산으로 만들어 가장 좋은 시기, 좋은 가격에 잘 팔아 수익을 얻는 것으로 정의할 수 있다. 임대수익을 위해 빌딩을 매입하는 경우도 많이 있지만, 임대 수익 그 자체보다는 매각을 통해 수익을 현실화시켜 새로운 사업 기회를 확보하는 것을 목표로 매입하는 경우가 더 많이 있다. 빌딩 시장에서 일을 해보면, 소유주에게 매각을 권하는 특정 시기가 정해져 있는 것은 아니다. 최근의 빌딩 시장을 생각해 보면 빌딩의 가격이 눈에 띄게 오르는 시기가 있었는데, 주택에 대한 대출규제로 인해 그동안의 부동산 매물 중에서 주택에 대한 매물을 매입하는 것이 거의 불가능해지면서 상업용 건물에 대한 투자 수요가 눈에 띄게 많아지는 시기였다. 부동산 중개업에서도 매수자가 바로 매수할 수 있는 빌딩을 적극적으로 찾게 되었고, 빌딩 소유주들은 여러 중개 업체를 통해 매도 의뢰를 받게 되었다. 이런 계기로 건물주는 사전에 계획하지 않은 시기에 미리 예상하지 않은 시나리오로 매도 결정을 하게 되고, 그렇게 매물이 시장에 나오는 경우가 가장 많았다. 중개 업체 입장에서는 자신의 매수자에게 소개할 매물을 찾아야 하기 때문에 다른 중개업소에 내놓은 가격보다도 조금 더 높은 가격을 제시할 때도 있었다. 그 당시 부동산 중개 시장에서는 계획에 없던 매도자들의 매도 의뢰가 많아서 계약 여부는 늘 불투명했었고, 지금이 아니면 더 많이 오른 가격에 빌딩을 사야만 한다는 마음 급한 매수자 입장에서는 빠르게 계약을 클로징 하는 것이 매수차익을 극대화시키는 것이라는 인식이 강했던 시장이었다. 시장의 변화에는 여러 가지 이유와 정책과 여러 상황들이 있었겠지만, 그 당시 빌딩 시장은 그야말로 다음날이면 4~5억이 올라 있는 유례 없는 불장이었고, 지금은 그 열기가 조금은 진정되고 있는 시기이다. 진짜를 가릴 수 있는 '더욱 진짜'인 환경이 마련된 것이다.

매각 시기

빌딩의 매각 시기는 세금을 덜 낼 수 있는 때가 적기이다. 잔금 시점을 장기보유 특별 공제를 받는 시점 이후로(3년) 정하는 방법으로도 가능하다. 일반적으로 부동산 시장에서 매도하기 좋은 시기는 매수자가 많은 시장이라고 보고 있다. 매수자 우위 시장이 왔을 때 매입하고, 매도자 우위 시장이 왔을 때 파는 것이 가장 이상적이다. 매도 시기는 매도를 원하는 가격에 시세가 형성되는 속도가 빠르고, 매물이 시장에서 소화되는 속도가 빠를수록 좋다. 매도 차익에 있어서는 양도소득세를 최대한 줄여 시세차익을 극대화하는 것이 중요한데, 세무 상담을 통해 취득 후 발생되는 비용에 대해 필요 경비를 인정 받을 수 있는지 문의해야 한다. 주로 취득 후 빌딩의 가치 증대를 위해 용도 변경을 하거나 개량을 하는 등의 비용을 인정 받을 수 있다.

신축과 리모델링

매수 시장에서 좋다고 평가되는 매물의 조건에는 신축 컨디션, 또는 신축급 컨디션이라는 수식어가 항상 따라 붙는다. 더이상 손볼 곳이 없는 깨끗한 건물, 좋은 임차인을 만나 운영이 잘되고 있는 건물, 통사옥, 통임대도 가능한 조건으로 앞으로의 부동산 사업에 있어 밑그림을 잘 그려낼 수 있도록 명도 완료 된 건물. 매수인이 주로 선호하는 건물의 조건에는 위와 같은 것들이 있다. 반대로 생각해보면 낡고 오래된 건물에, 계약기간이 많이 남은 임차인이 있거나, 임대료가 시세보다 낮은 임차인으로 채워져 임대수익이 나지 않고 이용할 수 있는 범위도 크지 않은 건물은 매수자의 선호조건과 점점 멀어지게 된다. 이런 건물은 매물의 시장성이 급격히 떨어지게 된다. 매수자의 입장에서도 선택의 폭이 넓지 않은 건물은 눈에 들어오지 않는 법이다. 이런 건물을 소유하고 있는 경우에는 컨디션을 고려하여 가격을 조금 저렴하게 시장에 내놓는 경우도 있고, 신축 또는 리모델링을 통해 새로운 컨디션으로 시장에 내놓는 방법도 있다. 매수 시장에서도 용도에 맞게 새로 건물을 짓거나 리모델링 하는 것을 원하는 매수자가 적지 않기 때문에, 구축 건물을 매각할 계획을 가지고 있다면 미리 임차인과의 계약기간을 정리해 두고 건물 매도시 명도에 대한 계획을 세우고 명도 비용도 고려해 놓는 것이 좋다.

신축과
리모델링

9

건물을 짓는다는 것

건물을 짓는다고 하면, 흔히 "명 짧아진다."라는 표현으로 건축주의 노고를 말하곤 한다. 건축주들의 고민과 노력을 생각해 보면 결코 틀린 말이 아니다. 건축은 단순히 새것인 공간 이상의 것을 추구하고 있다. 건축에 대한 대중의 기대 수준은 그 어느 때보다 높다. 건축을 넘어 예술, 공간적 가치, 경험이 있는 어떤 곳을 원하고 있다. 상업적 공간뿐만 아니라 주거 공간에 있어서도 편리하고 세련된 공간에 +α로 스토리가 있고 구성이 있는 공간을 원한다. 주거공간의 외관에도 어느 건축가의 디자인인가가 중요한 시대가 되었다. 상업적 공간에서는 더 말할 것도 없다. 시대를 앞서가는 건물을 짓고자 한다면 건축주는 하루에 90개 이상의 디테일에 대한 선택을 해야 한다. 너무나도 고단한 일이 아닐 수 없다. 너무나도 큰 자금이 들어가는 사업인데, 스타트를 한 순간부터 건축주의 선택에 대한 비용, 기회비용, 날씨, 토질, 노동자의 안전, 디자인, 감리까지, 운에 맡기는 영역과 사람을 믿고 맡겨야 하는 영역이 혼재되는 동안에도 동시다발적으로 돈과 시간을 쏟아내는 그 많은 결정들을 해야 하니 말이다. 너무나 무거운 이야기를 하려는 것은 아니다. 그만큼 많은 변수가 있는 영역이 부동산 개발, 즉 신축 빌딩에 대한 부분이기에 한 번쯤은 깊이 공부를 해봐야 한다.

구축건물을 신축하려 할 때는 건물이 지어지는 원리에 대한 이해가 필요하다. 건축 전문가가 지어주는 건물이지만 건축주의 선택으로 지어지는 건물이기도 하다. 따라서 건축가의 설명을 제대로 이해하고 알아들을 수 있을 정도의 사전 지식을 가지고 있어야 한다. 자재나 건축 공법을 모두 알 필요는 없지만 적어도 각각의 자재나 공정이 어떤 장단점을 가지고 있는지에 대한 공부는 필요하다. 특히 건축 개요에 나와 있는 용어는 반드시 숙지해야 한다. 건축개요는 해당 건물이 어떤 땅 위에 어떻게 지어지는 건축물인지를 보여주는 가장 기본적인 정보를 담고 있다. 각 건물의 디테일은 모든 건물이 다 다르지만, 건축 개요를 보면 그 지역, 그 지구에 속한 건물이 가지고 있는 기본적인 특징을 추측해 볼 수 있다.

먼저 건축 개요에는 대지 위치, 즉 주소가 들어간다. 또한 대지가 속해 있는 지역 및 지구가 들어가게 되는데, 이에 따라서 적용받는 건축법상 규제가 달라지며, 건폐율, 용적률, 건축물의 용도가 달라지게 된다. 건물을 지을 수 있는 목적과 크기가 규정되기 때문에 흔히 건물의 입지에 대해서 평가할 때에도 지역 및 지구에 따라서 평가가 크게 달라지는 것을 볼 수 있다. 지역 및 지구, 건폐율 용적률에 관한 정보는 세움터를 통해 대지 위치를 검색하면 알 수 있다. 건폐율은 하늘에서 건물을 수직으로 내려보았을 때, 땅의 전체 면적에서 건물의 면적이 차지하는 비율을 의미한다. 건폐율 60%의 땅은, 대지 면적이 100평일 때, 하늘에서 내려다 본 건물의 외곽선을 딴 면적을 계산했을 때, 이 땅에는 건물이 60평만 들어갈 수 있다. 1평이라도 넘어가게 되면 불법건축물이 된다. 용적률은 지상의 모든 층의 바닥들을 차곡차곡 쌓아올렸을 때 면적으로, 100평의 땅에, 한 층이 60평짜리인 건물이 10개 층으로 올라가 있다면 용적률은 600%로 볼 수 있다. 건물 안의 공간은 전용공간과 공용공간으로 나뉜다. 공용공간은 주차장, 복도, 로비, 엘리베이터 등 불특정 다수에 대한 공간을 의미하며 전용공간은 임차인에게만 개방되는 공간으로 볼 수 있다.

건물을 신축할 땅에서 흔히 가장 좋은 땅을 '북쪽으로 도로를 끼고 있는 땅'이라고 말하기도 한다. 내 땅에 건물을 지었을 때 옆 건물에 햇빛을 가리고 하늘도 가리는 피해를 줄 수 있게 된다. 현 건축법에서는 이런 피해를 막기 위해 건축법 시행령을 통해 건물의 높이가 9m를 초과하는 부분에서부터는 사선으로 건물을 짓도록 규정하고 있다. 건축법에서는 '사선제한'이라는 용어로 표현하는데, 위층부로 갈수록 건물을 지을 수 있는 면적이 줄어들기 때문에 용적률을 다 쓰지 못하는 건물이 지어지게 된다. 건물의 면적이 줄어든다는 것은 임대할 수 있는 면적이 줄어든다는 것과 같은 의미로, 수익률과 직결되는 부분이기 때문에 사선제한을 받는 땅보다는 사선제한을 피하는 땅으로 매입하는 것을 추천한다. 북쪽에 땅이 없는, 북쪽으로 도로가 있는 땅이 바로 '사선제한을 피할 수 있는 땅'

이다. 한편 고도제한, 높이제한을 다른 지역보다 특히 엄격하게 제한하고 있는 곳이 있는데 이런 지역에서는 층고나 층수 제한으로 인해 다른 지역보다 불리한 조건으로 건축을 할 수밖에 없다.

한편 신축을 할 때는 의외로 주차대수가 건축 행위에 정말 큰 영향을 미친다. 주차 대수는 건물의 용도나 지역에 따라서 매우 복잡하게 규정되어 있는데, 주차대수를 맞추기 위해서는 지하주차장을 깊게 파야 하거나, 1층 면적의 일부를 주차공간으로 써야 하는 경우도 생기게 된다. 임대료를 가장 많이 받을 수 있는 1층의 일부를 주차장의 공간으로 쓰게 되면 아무래도 상가보다는 사무실 건물로 쓰임이 제한될 수밖에 없다. 한편, 지하주차장을 만들기 위한 지하층 공사는 공사비와 공사 기간에 큰 영향을 주는 공사로, 주차대수가 늘어나 지하 공사를 깊게 할수록 비용 부담이 크게 늘어나게 된다. 이 외에도 소방규정, 건물 간 이격거리, 정화조 용량 등은 건물의 용도를 변경하거나 리모델링을 계획할 때에 중요한 검토 요소가 되기 때문에 건축사와 함께 꼭 체크해 볼 것을 추천한다.

건물을 지을 때는 기초공사 → 골조공사 → 외장공사 → 내장공사 순서로 짓게 된다. **기초공사**는 지하에 땅을 파는 작업, 주변 토사가 무너지지 않도록 파일을 박고 흙을 퍼내는 작업, 콘크리트로 지하 공간을 둘러서 건물을 올리는 기반을 만드는 작업이다. 땅속을 파다 보면 통신선, 상하수도, 우수관 등을 만나게 되는데 이는 어느 정도 예측할 수 있는 부분이다. 하지만 토양이 진흙이거나 암반이 존재하는 여부는 땅을 파보기 전에는 알 수 없는 예측 불가능한 영역이다. 그런데 이런 요소는 공사비, 공사 기간과 직결되는 엄청난 상황을 만들어 내기도 한다. 이런 위험요소 때문에 기초

공사 기간이 1년 이상 걸리는 경우도 있다. 때문에 지하주차장을 깊이 파야 하는 위치보다는 약간의 경사도가 있어서 지하 1층이지만 지상 1층과 같은 효과를 낼 수 있으면서도 지하주차장도 깊이 파지 않아도 되는 부지, 또는 높이가 다른 두 도로를 사이에 두고 건물을 지을 수 있는 부지는 건물 매입 단계에서 고려할 때 꼭 검토하기를 추천한다. 기초공사 후에는 **골조공사**를 하게 된다. 건물의 뼈대 역할을 하는 골조 공사를 끝낸 후부터는 단열, 방수, 외장 공사를 통해 건물의 모습을 갖추게 된다. **내장공사**는 내장 마감 공사와 인테리어 공사를 의미한다. 주로 건축주의 취향이 가장 많이 반영되는 공정은 **외장공사와 내장 마감공사**인데, 두 공정에 들어가는 자재, 디자인에 따라 건축비 차이가 나게 된다. 건물을 짓는다는 것은 매 공정마다 수많은 선택을 해야 하고, 수많은 재료들을 만나봐야 하는 과정이다. 직접 건축을 하기 전에 여러 건물과 공사 현장을 다녀 보면서 건축이 되어가는 과정을 보고, 건물이 지어지는 원리를 공부하는 것, 많은 건축가, 건축사무소가 추구하는 디자인을 살펴보는것, 디자인에 대한 안목을 기르는 것을 추천한다.

리모델링, 건물에 새로운 생명을

세계 정상급 명품 브랜드의 아이덴티티를 건물 외관에 담아, 시즌마다 형과 색을 달리하는 건물로 길을 채운 강남의 상징, 청담동 명품 거리. 건물의 디자인이 브랜드를 담아 내고 있는 것을 직접 볼 수 있는 곳이기도 하다. 이곳 어느 코너에는 조금은 특이하지만, 너무나도 자연스럽게 한 자리를 차지하고 있는 한 건물이 있다.

거리뷰를 시간 설정하여 검색하면 더 많은 정보를 얻을 수 있다

바르셀로나에서 볼 수 있을 것 같은 몽글몽글한 외관의 건물이다. 가까이 가 보니 조금은 연식이 된 것 같은 외관이었다. 한 브랜드의 쇼룸인 1층의 모던한 인테리어는 외관과 대비되어 이색적인 느낌이 들었다. 들어가 보니 내부의 건물 공용 계단과 복도의 연식이 정말 오래된 건물이었다. 리모델링을 한 건물이다. 건물 안으로 들어가 보면 각 층은 엘리베이터 홀부터 임차한 브랜드의 디자인으로 인테리어가 되어 있어서 쉽게 건물의 연식을 눈치 챌 수 없었지만, 조금만 관심을 가지고 엘리베이터, 비상계단을 살펴보면 80~90년대의 건물이라는 것이 실감이 난다. 호기심이 생겨 이 건물의 건축물 대장을 보며 공부를 해 보았다. 2000년대 초, 건물 외벽 리모델링을 하기 전 이 건물은 어떤 건물이었을까. 인터넷으로 거리뷰 검색을 통해 리모델링 전의 모습을 찾을 수 있었다. 놀랍도록 평범하고 오래된 건물이었다. 리모델링을 하지 않았다면, 이 청담동 거리에서 아무런 매력을 찾을 수 없을 것 같은, 아니 청담동 명품거리에 오히려 방해가 될 것 같은 모습이었다. 반얀트리, 최고급 성형외과와 같은 지금의 임차인 브랜드를 유치했을 리도 만무하다. 리모델링을 통해 그야말로 새로운 시절을 맞이한 것이다.

건물을 새로 짓는 것 만큼이나 드라마틱한 효과를 볼 수 있는 리모델링 공사, 불과 몇년 전만 해도 건물의 자산가치를 올리고 건물의 외관을 아름답게 할 수 있는 방법으로 리모델링, 대수선 공사를 하는 것을 신축보다 먼저 검토하는 분위기였다. 특히 신축을 할 경우에 현재의 건축법을 적용받게 되어 오히려 용적률 또는 건폐율에 손해를 보거나, 건축선이 뒤로 밀려나 건물의 가시성이 떨어지는 경우가 있었기에, 예전의 건축법을 적용받아 지어진 건물의 구성을 그대로 유지한 채 외관과 내부 리모델링을 손보는 것이 건축주에게 더 합리적인 선택으로 여겨졌다. 신축을 하였더라면 주차공간으로 1층을 모두 내어줄 수밖에 없는 건물에, 시원하고 깔끔한 1층 상가가 있는 반듯한 건물, 여기에다가 기존에 없던 엘리베이터를 설치하고, 건물 외관의 자재를 바꾸어 디자인을 입히는 것만으로도 임대수익을 1.5~2배 올릴 수 있었던 것이다.

하지만 최근 강화된 건축법에서는 엘리베이터 공사는 물론, 외관 리모델링 중에서도 외장재를 바꾸는 공사도 대수선으로 보아 인허가 대상이 되고, 공사 조건이 까다로워지면서 공사 기간이 4~5배 늘어나게 되었다. 해체 및 감리의 비용 부담도 커졌다. 공사비에 대한 부담, 인허가에 대한 부담에 더해 최근에는 안전에 대한 우려도 높아져 보강공사에 대한 부담까지 커지면서 이제는 신축만큼이나 비용과 시간이 드는 공사가 리모델링이다. 그래서 리모델링에 대한 수요는 예전만큼 많지 않다. 부동산 투자에 관한 강의나 책 중에서 4~5년 전의 내용에서는 리모델링을 적극적으로 추천하는 내용들이 많이 나오는데, 그때와 지금의 상황이 많이 다르기 때문에 그런 정보는 다시 한번 검토해 보는 것이 좋다.

그럼에도 불구하고 리모델링 공사를 검토할 것을 추천하는 지역도 있다. 강남 지역이다. 최근 건축시장에서 리모델링 공사가 차지하는 비율은 앞서 언급한 이유로 현저히 감소했다. 그런데 강남 지역에서는 신축 공사 역시 매우 현저히 감소했다. 구축건물을 신축 공사를 통해 새로 올릴 때는 지하 주차장, 즉 지하층 공사를 거의 필수적으로 수반하게 된다. 최근의 인허가 과정으로 보면 지하 1~2층만 있어도 공사 기간이 1년 안에 끝나기 힘들게 되었다. 매우 비싸게 매입한 강남이라는 땅의 땅값, 그리고 1년 이상의 공사 기간 동안의 대출 이자, 1년 이상의 공사 기간 동안 임대료를 못 받는 손실을 생각하면 강남에서 신축을 한다는 것은 생각보다 너무나도 많은 비용을 요구한다. 반면 리모델링 공사는 건물 외관 디자인을 바꾸는 공사를 하더라도 임대는 그대로 유지할 수 있다는 장점이 있다. 공사로 인해 다소 번잡하고 시끄러운 상황이 있겠지만, 리모델링을 통해 더 눈에 띄는 건물이 된다면 임차인에게도 나쁘지 않은 일이다. 신축비용에서 1~2년의 기회비용까지 들어가는 것임을 감안하면 임대료가 높은 강남 지역에서는 리모델링을 선택하는 것이 나을 수 있다. 특히 강남의 역세권에서 조금만 안쪽으로 들어가면 1종 주거지역에 넓은 정원이 있는 주택들이 있다. 구축 주택 자체의 멋을 살려 리모델링으로 고급 스파, 고급 갤러리, 스튜디오가 된 곳들이 있다. 평범한 신축 건물보다 더 눈에 띄고 쓰임을 잘 해내고 있다. 이처럼 성공한 리모델링 케이스가 되기 위해서는 몇 가지 유념해야 할 사항이 있다. **첫째로, 리모델링 공사는 쉽지 않은 공사이다.** 하지만 리모델링 자체의 메리트는 분명히 있다. 리모델링 공사가 성공하려면 반드시 좋은 시공사를 만나야 한다. 신축공사를 하는 시공사와 리모델링 공사를 하는 시공사는 공사의 방향 자체가 다르다. 어느 시공사이든 리모델링에 대한 문의를 하면 다 할 수 있다고 답변할 것이다. 하지만 그 시공사가 공사를 한 포트폴리오를 검토해 보는 것을 추천한다. 이미 리모델링 경험이 있는 시공사는 리모델링 건물의 주소를 받아 꼭 그 건물에 방문해 볼 것을 추천한다. 직접 가보고 직접 시공 결과를 본 후에 시공사를 결정해야 한다. 리모델링이 성공하려면 경험이 많은 시공사를 만나야만 한다. 두 번째로, 리모델링 공사는 대출로 공사비를 내는 PF 대출과 같은 성격의 공사비 대출이 없다. 공사비용을 최대한 정확하게 예측하고 준비하여야 한다. 세 번째, 리모델링을 통해 건물의 외관 디자인을 바꾸기 위해서는 어느 정도의 건폐율이 남아 있어야 한다. 외장재를 모두 뜯고 다시 공사를 하는 것보다는 남아 있는 건폐율만큼 건물의 외피를 입히는 것이 더 쉬운 공사 방법이 될 수 있다. 최근 리모델링 건물들이 예전처럼 드라마틱하게 변하지 않는 이유는 외장재를 뜯고 다시 디자인하여 외장을 바꾸는 공사가 신축 공사만큼이나 복잡한 과정이 요구되기 때문이다. 이 때문에 외장에 페인트칠만 다시 하여 분위기만 바꾸는 정도의 공사로 리모델링이 되고 있는 추세이다. 다만 건폐율을 다 쓰지 않은 건물은 남은 건폐율만큼 멋진 외장재를 입혀 변신할 수 있다.

여러 조건을 비교하였을 때, 리모델링 공사는 지가가 높은 강남 지역에서만 추천하며, 그 외 지역이나 지방, 수도권에서는 무조건 신축공사를 하는 것을 추천한다. 신축을 하였을 때에 건축선, 건폐율, 용적률에 손해를 보거나 1층을 주차장으로 먹히게 되는 특성을 가진 건물에서는 리모델링 공사를 검토하는 것을 추천한다. 리모델링을 통해 건물만의 독특하고 아름다운 감성은 유지하면서도 새로운 전성기를 만들 수 있다는 점에서 매력적인 사업이지만, 건축법의 개정으로 다소 선택하기 어려운 옵션이 된 것같아 아쉬운 마음이다.

ЛОЗОВА
ІЗЮМ
Первомайський
Барвінкове
Близнюки
Гаврилівка
Семенівка
Садове
Смирнівка
Жовтневе
Мечебилове
Іванівка
Подолівка
Закутнівка
Плисове
Верх. Орілька
Орілька
Олексіївка
Береки
Катеринівка
Малинівка

Chapter.5

빌딩투자 성공스토리

빌딩 디자인의 힘
: 외장재 붙이는 날 매수 콜을 받다

1

신축 또는 리모델링 프로젝트를 진행할 때 가장 짜릿한 순간이 있다. 외장재가 건물에 붙는 날이다. 그동안 그래픽으로만 보고 상상해 왔던 그림이 눈 앞에 나타나는 것을 보는 일은 매 순간 신기하고 의미있다. 흙과 철골 콘크리트만 보일 때는 어떤 현장을 가도 어떤 모습이 나올지 그림이 그려지지 않는데, 외장공사를 시작하면서 추상적인 모든 구조들에 대한 이해가 가능해진다. 그렇기 때문에 아무런 그림이 없었던 맨땅이나, 오래된 건물이 있던 땅을 만나 신축부지로서의 수익성을 분석하고 임차구성에 대해 연구하여 새로운 땅의 가치를 만들어 나가기까지의 모든 순간들 중에서도 디자인이 현실적으로 눈 앞에 다가오는 시간을 마주하는 것은 매 순간 새롭다.

건물의 외장재가 완성된다는 것, 계약을 하는 과정에서부터 함께 그려온 고객과의 사업 여정이 마무리를 향해가는 것을 의미하기도 한다. 새로운 빌딩으로서, 그 지역의 또 다른 50년의 역사를 쓰게 되는 상업 부동산은 훌륭한 외관을 선보이는 순간부터 바로 매수 콜이 들어오기도 하기 때문이다.

HDC labs

서초구에 위치한 HDC labs, 남부터미널의 3종 주거지역은 신축 부지로 개발할 수 있는 많은 기회가 있는 지역이었다. 이 건물이 지어질 당시 주변에는 비교적 큰 필지의 땅에 2~3층으로만 지어진 오래된 건물들이 대로변을 채우고 있었고, 남부터미널 주변 개발계획과 함께 경부고속도로 지하화개발에 대한 계획안도 나오고 있었다. 하지만 그 여건만으로 수백 억의 땅을 이렇다할 계획 없이 매입하는 것도 무리가 있었다. 이 지역은 아이러니하게도 너무나도 교통여건이 좋았던 조건 때문에 상업지로서의 역할을 하지 못했다. 걸어다니는 사람이 없었고, 사람들이 모일만한 특별한 무엇인가가 있지 않았다. 강남으로의 출퇴근이나 통학을 하기 위한 1인가구의 주거지역, 학군지 주거지역으로서 역할을 충실히 하고 있을 뿐이었다.

한편 이런 입지요건은 사옥으로서는 정말 좋은 조건이기도 했다. 서초동은 훌륭한 파트너사와 인재를 만날 가능성과 기회가 있는 지역이다. 그리고 대형 상업 건물과 꼬마빌딩이 많은 테헤란로와 달리 단독 사옥으로 매입하여 사용하기 좋은 규모의 필지가 많은 3종 일반 지역이다. 2019, 2020년 당시 100억대로 남부터미널 일대의 건물이 매물로 많이 나왔다. 그 중에서도 일조권 사선제한을 받지 않는 라인의 매물은 매수 문의가 정말 많았다. 하지만 이 지역에서 부가가치 400억을 달성한 건물은 HDC labs 사옥뿐이다. 그것도 준공 전, 설계도면

과 콘셉트 사진만으로 계약이 완료된 케이스이기에 더욱 기억에 남는다.

건물의 외장재는 디자인에 따라서 시공방식도 천차만별이다. 이 건물의 경우 공정이 진행됨에 따라 하나하나 올려나가는 방식으로 시공되는 공정이 아니었다. 수입한 자재를 직접 디자인에 맞게 제조하고 거대한 크레인으로 들어올려 붙이는 방법으로 시공되었다. 어제까지만 해도 골조만 있던 건물에 하루만에 건물 전면의 디자인을 볼 수 있는 것이다. 이 건물은 외장재가 붙여진 날 매수콜을 정말 많이 받았고 최종적으로 HDC Labs의 사옥이 되었다. 준공이 완료된 것도 아니었다. 디자인을 가시적으로 만날 수 있는 시점에서 도면으로 계약이 완료된 것이다. 브랜드의 이미지에 맞는 신축 사옥을 매수할 수 있었던 것도 좋은 일이었고, 400억의 부가가치를 완성시킨 디자인 팀에게도 좋은 일

이었다. 무엇보다도 건축주에게는 100억대의 부동산 사업규모를 1000억대 시행사업으로 견인할 수있는 기반이 된 프로젝트였다.

기업 이미지를 업그레이드 하는 건축디자인의 힘

건물의 외장디자인은 건물의 첫인상을 결정하고 건물의 목적에 대한 메시지를 나타낸다. 특히 상업용 부동산에서는 브랜드의 아이덴티티를 반영하고 주변 환경과 어떻게 어울려 나가는지에 대한 감각을 표출해 내는 수단이기도 하다. 건물의 외장재공사는 건물의 디자인을 완성시킨다는 측면과 함께 건물의 정체성을 부여하는 중요한 공정이며 대중에게 처음으로 건물을 공개하는 이벤트적 의미도 가지고 있다.

서울 양천구 목동 대로변, 사방 어디서 보아도 눈길을 끄는 화려한 건물이 있다. 터닝메카드의 사옥이다.

사거리 대로변 코너 건물, 어느 면에서나 노출이 되는 상징적 입지이다. 하지만 이렇게 좋은 입지에서도 디자인적 요소를 무시하고 건축한다면 아파트 상권을 노린 식음료점이 몇 개 입점한 평범한 건물이 될 수도 있다. 이 지역은 감각적 디자인 덕분에 하루아침에 조명의 전구를 바꾼 것처럼 길목 전체가 밝아졌다. 대로 전체의 '업그레이드'라는 표현이 더 적합할 것 같다. 이 건물 역시 디자인이 현실적으로 대중에게 공개되는 순간부터 매수콜을 받기 시작했으며, 이 건물의 건축 주체가 터닝메카드 완구업체인 것이 알려지면서 기존 완구 기업이라는 아기자기한 이미지에서 머물렀던 기업 아이덴티티가 대폭 확장되는 계기가 되었다.

사옥의 외장 디자인은 생각보다 기업의 이미지에 상당한 영향을 미친다. 상업 및 산업 시설에 있어서 디자인과 결부되지 않은 요소를 찾기가 더욱 힘들겠지만 사옥의 외장디자인이 가지는 매력은 더욱 특별하다. 상업용 부동산은 '쓰임'에만 주목하지 않는다. 기업이 추구하는 '결'이라는 것을 사옥의 건축과 디자인, 건물의 분위기를 통해 반영하는 추세이다. 이러한 추세는 앞으로 더욱 강화될 것이다. 그리고 이렇게 아름다운 외관을 제대로 유지하고 관리하며 얻는 신뢰와 진정성은 지역사회 내에서도 기업의 매력을 부가시킬 수 있는 요인임이 틀림없다.

건물의 외장 디자인은 단순히 외관을 아름답게 하는 것을 넘어 건물의 기능, 정체성 및 사용자 경험에 중요한 영향을 미친다. 부동산 사업을 제대로 하기 위해서는 건물의 외관 디자인이 공개되는 것만으로 매수자의 마음을 움직일 수 있는 디자인이 필요하다. 디자인에 투자하는 것은 브랜드 이미지, 고객 유치 및 장기적인 가치 증대에 중요한 요소이다. 입지 하나에 기대어 매수콜을 기다리는 부동산 사업가가 되어서는 안 된다. 빌딩 브랜딩은 내 건물이 지역사회에 어떤 역할을 할 수 있는지, 내가 임차인의 사업에 무엇을 해줄 수 있는지, 환경적으로 더 나은 선택은 무엇인지에 대한 생각에서 시작된다.

갤러리와 스파가 있는
미용 전문 메디컬 빌딩

2

모든 사업에는 소비자가 있다. 그 중에서도 최종 소비자와 만나는 '빌딩'이라는 공간은 소비자의 행동 변화에 맞추어 유연하게 변화해야 강해질 수 있다. 소비자의 행동 변화는 팬데믹 이전부터 이미 시작되었고 팬데믹을 지나면서 자리잡았다. 꼭 필요한 일이 아니면 나가지 않겠다는, '인-하우스' 소비패턴을 주목해야 한다. 병원까지도 온라인 진료를 열어놓는 이 시대이다. 학원, 은행, 식사, 심지어 회사 업무까지도 모두 집 안에서 해결할 수 있고, 이런 생활 패턴은 이미 너무 자연스럽게 우리의 삶의 모습으로 정착했다. 오프라인 업종이 확실하다고 자부했던 필라테스같은 기구 시설업까지도 집에서 수업을 받을 수 있는 가정용 기구들이 제작되어 판매되고 있다. 이제 어떤 사업도 기존 사업방식으로는 사람들이 몰려들어 트래픽을 만들어 낼 것이라

자부할 수 없게 되었다. 사람들은 특별한 일이 아니면 집 밖으로 나오지 않아도 된다. 이제 부동산 사업을 하기 위해서는 사람이 몰리는 빌딩, 사업이 잘되는 빌딩을 만들어내야 한다. 그 어느 때보다 부동산 사업에 콘셉트와 기획이 필요하게 되었다. 이미 콘셉트가 확고하다고 생각했던 빌딩의 입지도 흔들리고 있다. 소비자의 행동 패턴에 맞게 소비자에게 필요한 서비스를 먼저 줄 수 있는 방법을 고안해야만 한다.

메디컬 빌딩의 업그레이드

몇년 전만 해도 매수 시장에서 가장 인기가 많았던 건물은 '메디컬 빌딩'이었다. 안과, 피부과, 정형외과, 소아과처럼 서로 관련이 없을 것 같은 의료 종목이더라도 의료업이기만 하면 한 건물 안에 공존할 수 있었다. 관련 의료 업종이 들어와서 경쟁 업체가 되는 것보다는 서로 다른 의료 업종이 들어와서 서로간의 시너지를 가질 수 있도록 하는 것이 임대인 입장에서도 옳은 일로 여겨졌다. 또한 실제로 이런 메디컬 빌딩은 지역사회에서 환자 기반을 구축하고, 서비스의 접근성과 편의성을 보장할 수 있었다. 사실 건물주의 입장에서는 병원 사업은 불경기가 없기 때문에 임대료를 밀리지 않을 것이라는 기대도 있었고, 병원이 잘 자리잡으면 이전을 하는 일은 많지 않았기 때문에 메디컬 빌딩을 선호하는 현상은 한동안 계속되었다. 메디컬 빌딩은 무엇보다도 영업시간이 정해져 있기 때문에 건물 유지 및 관리도 편리했다. 건물주 입장에서는 정말 좋은 조건일 수밖에 없기 때문에 과거에는 배후 상권이 좋고 입지가 좋은 건물은 자연스럽게 건물 전체가 병원 임차인으로 채워져 메디컬 빌딩이 되는 경우도 있었지만, 최근에는 적극적으로 건물주가 나서 메디컬 업종만을 유치하는 경우가 더 많아지고 있다.

그런데 정작 중개 현장에서는 메디컬 빌딩의 새로운 콘셉트가 필요함을 느낀다. 병원을 찾는 소비자는 이가 아파서 치과에 왔는데, 아픈 김에 정형외과도 다녀보고 안과도 가보는 일은 생각보다 많지 않다. 이미 여러 매체를 통해 병원에 대해 노출되는 정보가 많은데, 눈에 띈다는 이유로 검색도 없이 병원을 찾는 소비자들도 줄고 있다. 사람들은 한 번의 방문으로 여러가지 일을 처리하길 원한다. 그런데 지금의 메디컬 빌딩에서 한 번에 해결 가능한 일은 병원과 약국을 함께 이용할 수 있는 것 정도이다.

메디컬 빌딩을 계획하고 있다면 새로운 관점이 필요하다. 빌딩이 하나의 커뮤니티를 만들어 주는 역할을 해야 한다. 의료 업종 자체보다 더 진화한 타깃팅이 필요하다. 한 세대를 담당하는 커뮤니티가 되어야 한다. 아래의 사례를 보면 좀 더 이해하기 쉬울 것이다.

Case 1 : 스터디 카페 - 학원 - 키성장 병원 - 집중력 한의원, 소아정신과 - 소아과 - 1층 약국, 편의점

Case 2 : 소아과 - 치과 - 정신과 - 정형외과 - 1층 약국, 동물병원

〈Case 2〉는 그동안의 메디컬 빌딩이 전형적으로 취하고 있던 '이 세상의 모든 병원'이라는 콘셉트이다. 그에 반해 〈case 1〉은

성장기의 학생과 학부모를 타깃으로 한 건물이다. 자연스럽게 서로의 고객을 노출하고 시너지를 낼 수 있다는 점에서는 1, 2 케이스 둘 다 도움이 될 것이다. 그러나 소비자의 입장에서 생각해 보면 1의 건물에 갔을 때 더 필요한 정보를 얻을 수 있고, 한 번에 해결된다는 인식을 가지게 될 것이다.

메디컬 빌딩이 소비자의 동선 및 기호에 맞게 시너지를 낼 수 있도록 기획한 사례는 제주도에 미용 시술을 하러 오는 관광객을 대상으로 하는 메디컬 업종이 많아지면서부터였다. '한국에 온 김에 해결하자'라는 콘셉트로 미용 시술, 비만 시술, 스파 업종을 한 건물에 들여 상호간에 시너지를 내고 있는데, 마치 압구정동의 성형외과 골목을 건물 안에 들여놓은 듯한 콘셉트의 구성이다.

시니어를 대상으로 하는 메디컬 빌딩의 콘셉트는 더욱 구체적인 접근이 필요하다. 삼성동 청담역 인근의 재활 병원은 정형회과 및 재활 의학과의 진료와 도수치료 케어를 받고, 운동 센터로 올라가서 개인 운동과 필라테스를 받아 약화된 근력을 향상시켜 치료효과를 높일 수 있는 시스템으로 만들어졌다. 앞으로의 의료 소비자 중에서 가장 큰 비중을 차지할 시니어 세대를 위해서는 건강과 웰니스에 대한 다면적이고 복합적인 접근 방식을 취해야 한다. 메디컬 빌딩을 계획하고 있다면 시니어의 운동, 건강 교육, 건강한 식자재, 시니어 커뮤니티 등의 편의시설이 함께 제공되는 콘셉트를 가지고 시작할 것을 추천한다. 앞으로도 소비자는 한 번의 방문으로 여러가지 일을 처리하길 원할 것이다. 메디컬 빌딩 본연의 기능을 위해 주거지역과 가깝고 주차가 편하며 이동이 쉬운 유연한 레이아웃을 가진 건물이라는 조건은 여전히 필요하다. 하지만 기존 메디컬 콘셉트에서 보다 나아간 생각을 가지고 기획해야 한다. 빌딩이 가진 이점을 최대한 끌어낼 수 있는 기획력이 중요한 시점이다.

돋보이되,
조화롭게

3

정동 아트테라스

건축물의 디자인은 건물과 지역의 기존 스타일과 만나면서 저마다의 독특한 미적 특성을 가지게 된다. 우리나라에서는 주로 건축 디자인 중에서도 건물의 높이, 형태, 색상, 자재, 지붕 형태 등의 외부 구조물 형태가 그 지역과 어울려 매력을 나타내게 된다. 도시 안을 들여다 보면 각 지역의 향기와 색깔을 담을 수 있는 특징들이 존재한다. 내 건물이 그 지역에 따로 떨어져 우뚝 솟는 느낌이 아닌, 지역 분위기 안에서 공존하면서도 압도적으로 존재하는 느낌을 줄 수 있다면 좀 더 진일보한 도시의 스토리가 완성될 수 있다.

서울 정동지역은 서울의 중심부에 위치한 고즈넉한 도심으로, 덕수궁 돌담길이 있는 곳으로 유명하다. 이 지역은 한국 근대화 기간 동안 서양 건축 스타일을 도입한 지역으로 알려져 있는데 대한민국에 서양 문화가 처음으로 뿌리를 내리기 시작한 곳인만큼 문화적 보존가치가 큰 건축물들도 눈에 띄는 곳이다. 그 중에서도 한국에서 가장 오래된 교회 중 하나인 정동제일교회와 이화학당, 서울시립미술관은 정동의 분위기를 형성하는 대표적 건축물이기도 하다. 정동지역은 특히 빨간 벽돌건물이 눈에 띈다. 서양의 건축 스타일이 도입되던 당시 영국, 프랑스, 독일, 미국, 러시아와 같은 세계 대국들이 덕수궁 근처에 그들의 공관을 건설했는데, 이때 지어진 예배당, 서양식 학교도 공관을 건설하던 건축 양식에 따라 화강암과 붉은 벽돌을 사용하여 지어졌다. 이 건축물들과 한국의 미를 간직하고 있는 고궁의 모습이 혼재하는 정동. 이러한 정동의 분위기를 반영하여 설계된 건축물들은 정동 지역을 서울에서 가장 아름다운 산책로 중 하나로 만들었다.

정동의 아름다운 산책길은 사실 시청역쪽으로 걸어나갈수록 감흥이 흐려진다. 아름다운 공간을 이리저리 즐기다가도 현실로 등 떠밀려 복귀하는 것 같은 특징 없는 상가와 건물들이 나타나기 때문이다. 빌딩 숲 사이에 있으면 전혀 이상할 게 없는 건물들인데 정동 안에 있으니 오히려 이질적인 디자인이다. 하지만 이런 이질감을 극복하고 상업공간과 정동의 문화공간의 경계선을 돋보이되 조화롭게 연결하는 건축물이 있다. 정동 아트테라스라는 주상복합 건물이다. 정동 아트테라스는 정동 지역만의 건축스타일을 존중하고 정동의 역사적, 문화적 가치를 반영하여 지어진 건물이었다.

이 건물의 디자인을 처음 보았을 때, 서울 한복판에 이렇게 아름다운 입지가 있다는 것, 그리고 서울 안에 이런 디자인이 어울릴 수 있다는 것에 감탄하였다. 이 건물이 건축디자인 수상작임을 알게 되었을 때도 놀랍지 않았다.

사실 인스타그램에서 패스트파이브 광고를 볼 때마다 이미 눈에 들어왔던 건물이었다. 이 건물의 소비자인 1인 가구와 주요 임차인들에게도 이 건물의 아름다운 공원뷰와 도심 속에서 즐길 수 있는 넓은 테라스, 어느 곳에서 찍어도 특색 있는 빨간 벽돌의 특별함은 매력적이었을 것이다. 시청역 한가운데에서 고층빌딩 숲 사이를 지나 갑자기 나타난 공원, 그 공원을 지나가면 미술관이 있고, 조각상이 있다. 그리고 덕수궁 돌담길이 너무나 아름답게 펼쳐진다. 100년 전으로 돌아간 듯한 느낌의 문화재 같은 건축물을 만난다. 그 사이에 테라스가 있는 집, 그리고 공원을 마주보는 한적한 커피숍 벤치가 있다. 너무 이상적이고 몽환적이며 아름다운 분위기를 자아내는 곳이었다.

아트테라스 주변에는 번쩍번쩍한 유리벽으로 완성된 고층건물, 주상복합 아파트, 공공시설이 있다. 그러나 이 길을 걷는 사람들에게는 그 건물 상가가 궁금하지 않을 것이고, 그 건물 주변을 사색하며 걷는 의미도 크지 않다. 정동길을 걷는다는 것은 이화학당, 제일교회, 캐나다대사관, 덕수궁 돌담길을 지나 서울시립미술관에서 배재학당으로 이어진다. 그리고 그 길 끝에는 정동 아트테라스가 있었다. 하나의 이야기처럼 지역을 이어나가는 건축물이었다. 지역 안에서 돋보이되 조화로운 건축, 가장 임차하기 힘든 지하층에는 패스트파이브와 먼슬리 키친이 입점하였다. 건물주가 홍보하지 않아도 패스트파이브는 이 상징적이고 아름다운 테라스가 있는 건물을 반복적으로 광고에 노출시킨다. 광고를 보는 수요고객에게도 이 건물은 한 번쯤 검색해서 알아가 보고 싶은 곳으로 기억에 남을 것이다. 정동의 아트테라스는 건축 디자인이 이렇게 한 시대의 역사적 면모를 나타낼 수도 있고, 한국의 근대화 과정을 상상해 볼 만한 역사적 배경을 반영할 수도 있다는 것을 보여주는 좋은 예시가 되고 있다.

압도적인 첫인상으로
비교불가능한 브랜드가 되기

4

건축 프로젝트를 하다 보면 건물의 외관 만큼이나 중요하게 생각하는 것이 건물 입구의 디자인이다. 건물을 찾는 사람들에게 첫인상을 어떻게 남길 것인지에 반드시 고민을 해봐야 한다. 건물의 입구를 디자인할 때는 건물의 외관을 디자인할 때 만큼이나 많은 노력이 들어간다. 빌딩의 첫걸음부터 시각적 압도감을 주거나 기억에 남는 인상을 남기기 위해 여러 인테리어 효과와 디자인 요소를 사용하고 있다. LACMA LA County Museum of Art 건물 앞 몽환적인 분위기를 자아내는 조명 조형물처럼 독특한 구조물이나 조형물을 입구에 배치하여 강력한 시각적 효과를 남기기도 한다. 최고급 자재를 사용하여 건물 입구에 하이엔드 건축물이라는 느낌을 주기도 한다. 입구로 시선이 모아지도록 하는 대담하고 강력한 조명을 배치하기도 하며, 입구를 들어

섰을 때 놀라움을 줄 만한 규모로 높은 천장과 넓은 로비공간을 만들기도 한다. 최근에는 대형 디스플레이 아트월이나 홀로그램 디스플레이 같은 미디어 플레이를 통해 방문객에게 흥미로운 경험을 제공하는 건물이 빠르게 늘어나고 있는 추세이다. 규모가 작은 꼬마빌딩에서는 건물 입구에 식물, 물 등 자연요소를 배치하여 공간 안에 생기를 주는 방식으로 방문객들에게 건물을 각인시키기도 한다. 한편 특정 브랜드는 건물 외관 디자인 또는 건물 입구 디자인을 통해 브랜드의 정체성을 강화하기도 한다. 청담동 명품거리를 채운 건물들은 저마다의 브랜드를 완벽히 상징하는 디자인 그 자체로 건축물이 존재한다. 건물의 시그니처 디자인 요소나 로고로 입구가 장식되기도 하며 크리스마스 시즌에는 제품 디자인이나 포장재, 굿즈에까지 통일된 시즌 로고플레이를 선보이는데, 동일한 로고플레이가 브랜드 건물 입구에도 동일하게 적용되어 브랜드 전체의 이벤트 통일감을 부여하기도 한다.

이렇게 건물의 입구를 강조하는 방법은 빌딩의 정체성을 강화하고 소비자에게 강렬한 첫인상을 남기기 위한 목적인 만큼 건축가나 디자이너의 창의성이 요구된다. 건물의 위치, 목적, 브랜드 이미지를 충분히 나타낼 수 있어야 하며, 방문객의 안전과 편의도 고려해야 한다.

어퍼하우스

고급주택 주거브랜드 중에서 가장 브랜딩이 잘 되었다고 생각하는 브랜드는 어퍼하우스이다. 젊은 세대가 선호하는 고급주거 브랜드로 기획한 것부터 획기적인 아이디어였다고 생각했는데, 이를 실현해 내는 요소 하나하나가 모두 매우 전문적이고 창의적이었다. 어퍼하우스의 입지 선정이나 마케팅 방식도 전문적이었지만 무엇보다도 건축디자인적 요소로 하나의 브랜드를 이루어냈다는 점에서, 부동산과 브랜딩이 더이상 별개의 사업이 아니라는 것을 다시 한번 확인하게 하였다.

어퍼하우스는 고급자재와 디자인적 요소가 매우 훌륭하기도 하지만 이를 풀어내어 소비자에게 어필하는 방식에서 소구점이 있었다. SNS를 통해 사업의 기회가 무한히 확장되면서 다양한 분야에서 성공한 젊은 사업가들이 많이 생기고 있다. 이전 세대에서 보다 더 빠르게 성장하고 있으며, 겸손이라는 이름으로 자신의 부를 감추지도 않았다. 최근 입주를 시작한 에테르노 청담, 전 세대가 펜트하우스 콘셉트인 펜트 129 모두 30~40대의 젊은 신흥 부자를 타깃으로 만들어졌다. 그보다 앞서 젊은 부자를 타깃으로 한 고급주거 브랜드 자체를 대놓고 보여준 케이스가 어퍼하우스이다. 어퍼하우스의 네이밍과 로고는 30~40 소비자의 니즈를 정확히 꿰뚫은 디자인이다. 굳이 한 번 더 의미를 생각하지 않아도 직관적으로 알 수 있는 어퍼하우스 네이밍, 올록볼록 귀엽고 톡톡 튀는 로고 플레이, 그리고 무엇보다도 너무나 특이한 입구 디자인과 어퍼하우스만의 조형물은 어퍼하우스 브랜드를 구성하는 메인 요소로 자리잡는다. 어퍼하우스는 마케팅 면에서 주거 공간이 지니는 한계를 가지고 있었다. 건물 내부가 효과적으로 노출될 수 없다는 점이다. 그래서인지 건물 외부에서 대중에 노출될 수 있는 모든 부분을 브랜딩 요소로 활용하고 있다. 청담 어퍼하우스의 경우 건물 내부로 들어가는 입구가 좁고 길게 구성되어 있다. 자칫 평범할 수 있는 이 입구 공간은 외부에서 보았을 때 마치 다른 세계로 걸어 들어가는 것 같은 느낌을 주도록 디자인 되어 있다. 솔리드한 외벽을 보고 들어오는 방문객에게 갑자기 황금색 바닥과 어두운 조명이 제공된다. 다른 차원으로의 이동을 하는 느낌을 정확하게 구현해 낸 것. 건물로 들어가는 입구 공간에 대한 어퍼하우스의 콘셉트는 다음과 같이 묘사되어 있다.

> “벽돌의 색상 그리고 질감과 대조를 이루는 베이지 톤의 파사드 석재 마감은 특유의 골드 색상인 하드웨어와 최소한의 라인 조명으로 이어져 긴 통로의 내부로 심리스하게 이끌며 내추럴한 방향성을 의도했습니다.”

아난티, 주차장 바이럴로 브랜드를 완성하다

방문객이 도착하는 순간부터 최고의 경험을 제공하겠다는 아난티의 약속, 브랜드의 가치를 가장 효과적으로 보여주는 사례는 부산 아난티 코브의 주차장이었다. 해안길을 지나 리조트에 도착한 방문객이 리조트를 가장 처음으로 경험하는 곳은 바로 주차장이다. 걸어오는 방문객들이 가장 먼저 마주하는 공간인 빌딩 입구와 로비의 경험이 중요한 것처럼 자동차에서 건물을 처음 만나는 방문객에게는 주차장이 건물의 첫인상이 된다.

나는 빌딩 브랜딩에 있어 주차장의 편의와 설계, 디자인, 그리고 주차관리인의 친절까지도 빌딩 브랜딩의 요소가 된다고 강조했을 정도로 주차장을 중요하게 생각하는 사람 중 하나이다. 너무나도 쨍한 햇빛을 지나 처음 어두움을 만났을 때의 눈부심 때문에 비현실적이라 느껴지는 순간, 빨려들어가는 것처럼 조명이

쏘아지는 주차장. 그리고 아난티의 상징이 된 6개의 기둥과 조명. 방문객의 모든 순간이 최고의 경험이 되는 순간의 1막은 주차장에서 시작되는 것이다. 아난티 주차장은 당시 너무나 많은 드라마에서 고급휴양지의 배경이나, 초호화 저택의 입구로 묘사되었고, 아난티 코브를 찾는 많은 고객들의 SNS를 통해서도 공

유가 많이 이루어지면서 아난티라는 브랜드를 단숨에 우리나라 에서 가장 아름다운 리조트 브랜드로 알려지게 하였다. 부산 아난티 코브의 주차장을 찾기 어려워 하는 방문객들이 많아, 아난티 주차장이라는 해시태그 검색량이 더 많아졌다는 것도 재미있었지만, '#아난티주차장'이 하나의 키워드이자 브랜드를 대표하는 이미지가 되었다는것은 빌딩 브랜딩 요소에 첫인상이 얼마나 많은 의미를 가지는지 알 수 있는 부분이기도 하다. 부산 아난티 코브의 주차장은 어두운 주차장의 한 면 한 면마다 언뜻 비치는 바다. 다른 세계로 빨려들어가는 것 같은 연출, 그리고 압도적 공간감을 느끼게 하는 원형 필로우 공간에서 현대적 디자인과 자연환경의 아름다움이 혼재된 새로운 감각을 보여주며 아난티만의 감성을 드러내고 있었다.

기획의 힘,
제2의 성수동을 위하여

5

디올 성수는 명품 브랜드의 쇼룸 중에서도 가장 독특한 의미와 목적을 가진 공간이다. 디올은 패션쇼에서 보여준 컬렉션과 브랜드 철학을 직접 체험할 수 있는 공간으로 성수동을 선택했다. 프랑스 파리 몽테뉴 30번지, 크리스찬 디올의 첫 작업공간이다. 이 건물의 외관을 연상시키는 디자인으로 구현된 디올 성수. 과거 공장지대였던 성수동에 고전과 현대를 결합한 건축 디자인으로 디올 브랜드의 영향력을 보여준 공간이다. 무엇보다도 디올 성수는 디올 브랜드의 영향력을 지역사회에 보여주었다는 점에서 의미가 있다. 디올이 가지는 정체성을 건축 디자인에 보여준다는 것이 도시 재생에 어떤 의미를 가지는지, 한 브랜드가 가진 영향력으로 얼마나 많은 트래픽을 가져올 수 있는지를 상징적으로 알게 해준다. 신생 브랜드의 팝업, 힙한 거리의 상징이었던 성수동은 디올 성수 이후 명품 브랜드의 전시 공간이자 광고 공간으로 그 입지가 상향하는 듯, 프라다, 버버리 등 다양한 명품브랜드의 기획전시를 보여주는 지역으로 재탄생하였다.

그런데 디올 성수가 있기전, 성수동은 그 시작에서 대림창고를 빼놓을 수 없다. 카페라기보다는 복합 예술 공간으로 활용되는 공간. 성수동 한 가운데에 정미소로 지어졌던 건물이 창고로 쓰여지다가 지금은 거대한 카페이자 갤러리로 활용되고 있다. 전국의 대형 공간에 대한 새로운 영감을 주는 건물이자, 지역사회에 중요한 영감을 주는 장소가 되었다. 그리고 그 시작에는 건물에 대한 올바른 브랜딩 기획이 있었음을 알게 된다.

대림창고는 성수동에 공장과 창고가 많았던 역사적 배경 위에 도시재생 프로젝트라는 목적을 가지고 탄생한 브랜드로서, 건물 자체가 서울의 역사적인 공간임을 존중하고 이를 기반으로 현대적인 문화와 예술을 어우러지게 한 독특한 공간 브랜딩 프로젝트이다. 오래된 건물의 역사적 가치를 보존하고 지역의 오래된 외관을 존중하는 기획 자체가 너무나 고차원적인 수준이기에 나 역시 깊은 영감을 받았다. 뉴욕이나 유럽에서는 오래된 건물의 외관을 그대로 두고 내부공사를 통해 현대적 공간으로 만들어내는 모습을 많이 보았지만, 한국에서의 재건축은 이런 모습과는 너무나 거리가 멀었기 때문에 처음 성수동을 만났을 때는 상당히 어색하기도 했던 건 사실이다. 오래된 것을 오래된 그대로 바라보고 경험하기에는 불편함이 있기 마련인데 수준 높은 브랜딩을 통해 이 건물을 풀어냈다는 것에 강한 인상을 받았다.

우리나라에는 아직 개발이 필요하다고 말하는 많은 지역과 공간들이 있다. 도시재생 자체가 과거를 모두 허물고 새 것, 최신식의 것으로 다시 지어지는 것을 전제로 하고 있기에 성수동의 오래된 공간들이 더욱 소중하게 느껴진다. 제2의 성수동, 빌딩 브랜딩으로 만들어 낼 수 있는 새로운 공간, 부동산의 가치를 끌어 올릴 수 있는 다양한 힘에 대한 필요를 느낀다.

대림창고에서 성수 디올이 있기까지의 성수동을 살펴보면 오래된 것에 대한 존중과 의미있는 기획의 중요성을 더욱 강조하게 된다.

몽탄, 브랜드가 가지는 부동산 사업적 능력

6

서울 삼각지에는 언제나 끝없이 대기줄을 서고 있는 오래된 고깃집이 있다. SNS를 통해 유명 인플루언서나 연예인들도 줄서서 기다린 끝에 고기를 먹을 수 있었다고 써놓은 게시물 보며 굳이 오래 기다리면서까지 고기를 먹어야 하나 싶어 찾아가지 않았었는데 그 사이 점점 더 화제가 되고 유명해지면서 더 늦기 전에 반드시 가봐야겠다는 결심이 생겼다. 대체 얼마나 맛있길래 그렇게들 기다리는지. 다소 줄이 길어 대기하는 동안 나는 낡은 삼각지 골목길을 다녀보았다. 1970년대에 지어진 정말 오래된 건물이었지만 특별계획구역에 묶여 재건축의 기회를 놓치고, 어쩌다 보니 오래된 모습을 간직한 채 남아있는 옛날 그대로의 건물들 사이에 오래된 맛집들이 숨어 있었다. 도로 하나를 두고 30층 이상의 최신식 최고급 주상복합 건물로 개발된 맞은편의 모습과 대비되어 더욱 의미있는 공간이었다. 조금 더 관심을 가지고 보다 보니 몽탄의 건물 양식이 눈에 들어왔다. 옛것 그대로의 다른 건물과는 달랐다. 이 건물은 문화재였다. 어떤 계기로 몽탄이 되었는지 모르겠지만, 몽탄이 브랜드가 된 것은 고기의 맛에만 원인이 있는 것은 아님이 분명했다. 네이밍부터 브랜딩이 된 탄탄한 브랜드였으며, 브랜드에 맞는 공간을 너무나 공들여 찾아 연출한 것임을 단번에 알 수 있었다. 이제서야 모든 의문에 답을 알게 된 것 같았다.

처음 마주한 몽탄의 인테리어는 아무것도 가미하지 않은 1960년의 모습 속에 현대 공조시설과 분위기를 제대로 연출시킬 수 있는 조명 플레이로 마무리된 것처럼 보였다. 갈라진 벽 위에 미장을 대충 덧바른 것도, 찢어진 도배지를 방치한 것처럼 보이는 것도 신비로웠다. 현실적으로 노출될 수밖에 없는 고기 기름때는 조명의 조도를 최대한 낮춰 눈에 거슬리지 않게 만들어버렸다. 몽탄만의 공간 기획 속에 브랜드가 무엇을 이야기하고 싶은지, 어떤 분위기를 느끼도록 만들고 싶은지 알 수 있을 것 같았다. 그곳에서는 고기를 먹는 행위 자체가 아니라 이 분위기를 경험하고 즐길 수 있도록 만든 사업가의 건축적 감각에 더 눈길이 갔다. 이렇게 유명한데, 왜 프랜차이즈를 내지 않았는지 문의해 보았다. "이런 건물을 아직 찾지 못했다."라는 대답을 들었다.

시간이 오래 지난 후 나는 제주도에 몽탄 2호점을 찾게 되었고, 이 브랜드가 추구하는 '빌딩 브랜딩'이 어떤 의미를 가지는지 알 수 있었다. 그리고 몽탄이라는 브랜드 자체가 가져온 유명세와, 그 브랜드의 핵심 이미지를 잃지 않은 건축물과 공간이 완벽히 재현되어 있음에 적지않게 놀랐다. 제주도에 몽탄 2호점을 기획한 공간 기획사업 자체도 정말 대단했다. 잘 만들어진 브랜드가 부동산의 가치를 얼마나 높게 만들어 낼 수 있는지 보여주는 가장 좋은 곳, 몽탄 제주가 있는 곳은 브랜드 자체가 부동산 사업적 가치를 가질 수 있음을 보여주는 좋은 예가 된다. 잘 알려지지 않은 제주도의 어느 지역에 길을 닦고, 시설을 만들고 브랜드를 유치하여 사람들이 찾아오게 하는 것, 그 안에는 결이 같은 브랜드와 브랜드를 정확히 나타내는 수준 높은 디자인을 가진 건물이 있다.

성공한 브랜드를 가지고 있다는 것은 사업적인 성공 외에도 부동산 사업으로도 성공할 수 있는 단초를 가지고 있음을 의미한다. 작은 브랜드든 큰 브랜드든 중요하지 않다. 잘 만들어진 브랜드는 전속 연예인을 고용하고 있는 효과 이상을 가진다. 몽탄 제주의 디자인과 기획에서 나는 진심으로 감탄했다. 제주도의 대자연 속에서 전혀 이질감이 없는 아주 오래된 유적을 연출하여 브랜드가 원하는 공간을 만들어 낸 것. 브랜딩과 디자인이라는 경험적 요소를 생각하지 않고는 부동산의 부가가치를 만들기 힘들어졌다는 생각에 확신을 가지게 되었다. 몽탄의 1호점 인기에도 불구하고 2호점은 생각보다 많은 시간이 지난 후 개점하였다. 1호점 만큼이나 특별한 공간을 찾아내고 브랜드의 공간 연출을 위해 그동안 얼마나 많은 디자인을 보고 만들어 왔을지, 나는 알 수 있을 것 같았다. 브랜드 아이덴티티를 공간으로 풀어나간다는 것은, 입지 이상의 부동산 가치를 창출할 수 있다는 의미이다. 입지를 극복하는 것은 생각보다 대단히 부단한 노력이 필요한 작업이다. 수많은 상업적 공간들 속에서도 나의 부동산이 대중에게 각인될 수 있을 만큼 브랜딩 되어야 한다.

에필로그

빌딩에 대한 특별한 정체성과 경험 요소를 부여하라

트렌드는 빠르게 변한다. 돈이 흘러가는 공간과 돈이 모이는 부동산의 모습도 빠르게 바뀌고 있다. 하지만 여전히 우리는 한정된 정보만을 가지고 부동산 수익을 이야기하고 있다. 이런 무지성 투자에 가까운 투자가 성공하는 시기는 앞으로 다시 오기 힘들 수 있다. 지난 몇 년간 상업용 빌딩에 대한 투기에 가까운 투자의 모습이 완전히 없어진 것은 아니다. 우리는 이미 빌딩에 투자하는 것이 주거용 부동산에 투자하는 것보다 유리한 시점에 왔음을 알고 있다. 게다가 수많은 브랜드가 우리의 소비에 관여하기 시작하면서 새로운 사업들이 앞으로 우리의 일상을 바꿀 만큼 의미있는 성장을 할 수 있다는 것을 알게 되었다. 그리고 이 브랜드들은 필연적으로 사업을 할 공간을 필요로 하고, 사업을 키워 나갈 사옥을 찾게 될 것을 알고 있다.

빌딩을 통한 부동산 사업은 지금도 그랬고 앞으로도 수요자가 충분할 것이다. 하지만 달라진 것이 있다. 부동산 그 자체로 그대로 두어도 알아서 돈이 벌어지고 팔기만 하면 돈을 버는 사업이 되기에는 이 세상은 점점 오프라인의 공간을 필요로 하지 않는 모습으로 바뀌어가고 있다.

기획과 디자인을 갖춘 부동산만이 살아남는 것, 빌딩 브랜딩에 대한 이야기를 하고 싶다.

브랜딩 차별화와 핵심 메시지

브랜딩(branding)이란 기업, 제품, 서비스, 조직 또는 개인과 관련된 이미지와 신뢰성을 구축하고 관리하는 과정을 가리키는 비즈니스 용어이다. 이 단어가 오늘날 이 시점에서 이토록 많은 사람들에게 의미를 가지는 것은 그만큼 소비자의 선택이 작은 브랜드로 향하고 있다는 뜻이기도 하다. 작은 브랜드도 목표가 있고, 이 사회에 내보내고자 하는 메시지가 있다. 브랜딩이라는 과정은 기업의 특정 제품 또는 서비스의 가치와 기업의 고객을 정성스럽게 정립하고 생각하는 과정으로 시작한다. 그리고 고객에게 기업이 내세우고자 하는 메시지를 개발해 내고, 이를 통해 기업의 비전과 미션을 정립하며, 이를 반영한 기업의 슬로건과 네이밍이 완성된다. 이렇게 정립한 브랜드 메시지는 스토리텔링을 통해 브랜드가 어떤 가치를 제공하며, 어떤 이야기를 공유하는지를 정의하고 전달한다. 스토리텔링은 소비자와 감정적 연결을 형성하도록 도와준다. 직관적으로 이해하기에는 다소 추상적인 브랜딩 과정은 결국 디자인으로 구체화된다. 브랜드의 콘셉트를 설정하고 브랜드의 콘셉트를 설정하여 스토리텔링 요소를 만들어 내었다면, 브랜드 디자인 요소는 그 브랜드의 세계관을 자연스럽게 공감할 수 있도록 일관된 디자인으로 해설하는 역할을 한다. 브랜딩이 필연적으로 디자인으로 연결되는 이유이다. 브랜드가 가지는 디자인적 요소는 어떤 제품이나 서비스가 고유하고 식별 가능한 캐릭터를 가진다는 것을 의미한다. 브랜드가 소개되는 동선을 공간 안에서 경험할 수 있도록 구현하거나, 다양한 소품, 어플리케이션을 통해 인식하도록 할 수도 있다. 브랜드만의 맛, 또는 향, 조명의 색을 이용하여 다른 브랜드와 구별이 되도록 하기도 한다. 이러한 디자인 요소는 소비자에게 특정 제품 또는 브랜드와 관련된 감정, 경험 및 인식을 형성하는 과정으로 연결되도록 도와준다.

스탠다드 리퍼블릭은 브랜딩 기획을 통해 새로운 네이밍을 얻었다. 그리고 브랜딩 과정에서 기업의 대표로서 내가 소비자에게 제공할 수 있는 차별화된 서비스는 무엇인지, 이 세상에 전달하고자 하는 핵심 메시지는 무엇인지, 내가 만나고 싶은 고객은 누구인지에 대해 심도 깊은 인터뷰를 진행하였다. 브랜딩에 대해 좀 더 깊게 경험하고 나니, 공간 브랜딩, 좀 더 구체적으로 빌딩 브랜딩의 과정 속에서 디자인에 반영되어야 하는 부분이 어떤 것인지, 빌딩 브랜딩이 대중에게 어떤 효과를 가지기를 원하는지에 대해 좀 더 깊이 생각할 수 있게 되었다. 여기까지는 특정 서비스나 제품을 브랜드로 만드는 과정에 대한 설명이다. 우리가 궁극적으로 상품화시켜 사업을 하고자 하는 아이템은 부동산 중에서도 빌딩이라는 상품이다. 지금 이 시점부터는 많은 빌딩속에서 내가 투자하는 빌딩은 어떤 차별성을 가지고 있는지를 어필해야 한다. 빌딩을 매입하여 부동산 사업을 통해 부가가치를 창출하기 위한 일련의 과정에 있어서도 이러한 브랜딩 과정이 반드시 필요한 이유이다.

빌딩 브랜딩, 공간의 가치와 특별한 경험을 만들어라

빌딩 브랜딩은 빌딩이라는 공간을 브랜드로 만들어 내는 과정을 의미한다. 빌딩 브랜딩은 어느 정도 공간 브랜딩에서 고민하는 요소도 가지고 있지만 공간보다 조금 더 구체적으로 한 건축물이 어떤 공간이 되어 소비자를 만날 것인지, 빌딩에서 어떤 소비자를 만나고 싶은지, 지역사회와 지역 상권에 어떤 변화를 주는 빌딩이 될 것인지에 대한 고민을 디자인을 통해 풀어낸다. 빌딩 브랜딩이란 부동산 사업도 하나의 사업으로서 실체를 가진 기업이라는 관점에서 접근하는 것을 전제로 시작한다. 빌딩 투자라는 행위는 기업가로서 사업체를 운영하며 사업을 영위하는 과정이고, 전문성을 가진 인력과 함께 최대 성과를 내기 위해 부단히 연구하고 움직이는 노력이 필요한 사업이다. 그리고 빌딩에서 제공하는 서비스는 소비자에게 직관적으로 인식이 가능한 차별적 요소를 가지고 있어야 하며, 이를 빌딩 브랜드의 가치로 키워낼 수 있어야 한다.

고급주택 브랜딩의 좋은 예시가 '어퍼하우스'라면, 상업용 부동산에서 브랜딩이 잘 된 케이스는 'GT 타워'를 생각해 볼 수 있다. GT 타워는 서울에 위치한 상업용 오피스 빌딩으로 GT 타워만의 독특한 파동 모양의 외관 디자인으로 구별된다. GT 타워는 서울의 중심인 강남, 서초 지역에 비즈니스 오피스, 상업 공간을 제공하는 임대서비스를 사업모델로 하고있다. 또한 GT 브랜드 빌딩으로서 추구하는 슬로건인 '지속 가능한 건축'이라는 가치를 구현해 내고자 친환경적 건축공정 및 관리 서비스를 제공한다.

우리의 빌딩은 GT 타워처럼 하나의 명확한 네임을 가지고 있어야 한다. 그리고 명확한 부동산 브랜드가 되어야 한다. 브랜드가 되었다는 것은 빌딩을 찾아오는 고객이 빌딩의 이름만 들어도, 어떤 디자인적 특성이 있는지, 어느 지역에 어느 정도 시세를 가진 빌딩인지, 어느 정도의 규모인지 어떤 업종이 있는지 인식할 수 있다는 것을 의미한다. 또한 빌딩 브랜딩을 통해 빌딩에 대한 특별한 정체성과 경험 요소를 부여하여 사람들이 모여드는 빌딩으로 만들어내는 것을 목표로 해야 한다. 이 과정에서 빌딩의 디자인, 부동산 마케팅, SNS 광고전략, 크리스마스 파사드와 같은 이벤트를 통해 빌딩의 이미지를 만들고 지역 내에서 인지도를 높일 수 있게 된다. 특히 빌딩의 외관과 내부 디자인은 브랜드 아이덴티티의 중요한 부분이다. GT 타워의 물결 모양 외관처럼 디자인 자체가 전략이 되어야 한다. 이 모든 빌딩 브랜딩 과정은 필연적으로 건축가, 브랜딩 팀, 그리고 중개사의 전방위적인 팀워크를 요구한다. 여기에 더해 적절한 조향시스템으로 브랜딩 효과를 배가시킬 수 있다. 브랜드의 이미지를 고려하여 선택한 향기는 강력한 감정적 연결을 만들어내고, 브랜드의 정체성을 강화하는 데 효과적인 수단이 된다고 알려져 있다. 이때 중요한 것은 빌딩의 목적과 분위기가 소비자가 원하는 경험과 조화를 이루어야 한다는 점이다. 공간의 특성에 맞는 일정한 조향 전략을 가진 빌딩으로 오감을 통해 브랜드를 완성하는 빌딩 브랜딩 전략을 구사할 수 있어야 한다.

인간의 욕구를 만족시키는 것에 대한 일종의 단계가 있다고 한다. 기본적인 생존이 가능해지는 시점에서 가장 먼저 찾는 만족은 귀를 통한 만족이다. 휴대용 음향기기를 통해 여가시간에 음악을 듣고 사색을 하며 청각적 만족으로 욕구를 해소한다. 그 후 단계에서는 향기에 대한 선호도가 생긴다. 청각적 만족보다 좀 더 시간과 돈을 들여 향수를 사서 취향을 표현한다. 또한 아로마와 같은 향기를 구입함으로써 감정을 회복하고 신체를 만족시키게 된다. 그 후에는 눈으로 보는 시각적 자극에 대한 만족을 추구하게 된다. 비싼 그림에 욕심을 내고, 비싼 TV를 사서 원하는 영상을 틀어 놓는 것에서 시작하는 시각적 자극은, 스마트폰 시대를 거치면서 원하는 장면과 원하는 영상을 찍어 저장하는 것까지에 이르렀다. 지금은 거기에 더 나아가서 내가 찍는 공간이 나를 표현하게 된다는 인식이 생기면서, 인류 역사상 가장 공간에 대한 가치를 중요하게 생각하는 시대에 살고 있다.

공간을 경험과 동일시하는 순간은 불과 몇년 전만 해도 1년에 몇 번 되지 않는 요소에 지나지 않았다. 모든 경험 중에서도 특별한 공간에 갈 때만 좀 더 중요해지는 경험을 하는 것이 당연했다. 예를 들면 생일날 가는 특별한 식당이라든가 수학여행지에 가서 느끼는 유일한 추억, 여행지에 가서 만나는 특별한 휴식과 같은 것이다. 우리는 그 시간을 담기 위해 매우 공을 들였다. 기억을 저장할 수 있는 매체가 유한했기 때문이다. 지금은 다르다. 모든 순간을 담을 수 있는 무한에 가까운 저장매체를 매일 손에 가지고 다닌다. 경험을 공유하는 것 또한 전혀 어렵지 않다. 일상을 특별하게 만들 수 있는 세상에 살고 있는 것 만큼이나 기회가 많은 세상이 있을까.

이렇게 많은 변화가 일어나는 세상 속에 살면서도 부동산 투자에 있어서 만큼은 너무나 오랜 시간 동안 발전하지 못하는 느낌을 중개 현장에서 매일 겪는다. 부동산 디벨로퍼로서 바라보지 않더라도, 부동산 시장은 이미 너무나도 많은 변화를 받아들이는 중이다. 건물마다 크고작은 카페가 입점하여 아침 점심으로 커피를 사서 다니는 세상이 된 것도 생각보다 오래 되지 않았다. 부동산 디벨로퍼, 디자이너로서의 시선으로 부동산을 보면 그 변화를 매일 피부로 느끼고 현실에 반영하기에 바쁜데, 부동산 중개인으로서 부동산 중개 현장의 브리핑을 듣고 있을 때는 숨이 막힐 정도로 답답함이 생긴다. 그 많은 변화를 다 뒤로하고 여전히 버스정류장이 중요하고 여전히 신호등 앞 건물이 중요하다고 분석을 내놓기만 한다. 너무나 부족하다.

가까운 미래에 가치 있는 부동산은 입지에 더하여 중요한 무언가가 존재해야 한다. 우리는 그것을 디자인으로 부르기도 하고 콘셉트라고 부르기도 한다. 혹은 SNS에서 통할 만한 무언가가 있는 부동산일 수도 있다. 디자인이라면 경험하고 공유할 가치가 있는 요소는 무엇이 있는지도 생각해 보았다. 압도적 공간감인지, 자연인지, 과함인지 단순함인지, 그 명확한 답은 알 수 없지만 한 가지 확실한 것은 부동산이 위치한 지역과의 조화로움과 빌딩 브랜딩 요소가 함께 어울려야 한다는 것이다.

빌딩 투자가 투기가 되지 않기 위해서는 충분히 공부하고, 분석하고 연구하여 하나의 브랜드로서, 사업체로서 부동산 사업이 운영될 수 있는 내공을 갖출 수 있어야 한다. 빌딩 브랜딩에 대한 고민이 당신의 빌딩 투자의 성공요소가 되길 바란다.